Joanne Huist Smith

Das dreizehnte Geschenk

Über die Autorin

Joanne Huist Smith arbeitet in den USA als Reporterin für die *Dayton Daily News*. Für ihre journalistische Arbeit wurde sie bereits mehrfach ausgezeichnet. „Das dreizehnte Geschenk“ ist eine autobiografische Erzählung. Die Autorin hat drei erwachsene Kinder und lebt in Dayton im US-Bundesstaat Ohio.

Joanne Huist Smith

Das dreizehnte Geschenk

Die wahre Geschichte eines Weihnachtswunders

Aus dem Englischen von Bettina Hahne-Waldscheck

GerthMedien

Für Rick, meinen ersten wahren Freund,
und unsere kostbarsten Geschenke:
Benjamin, Nicholas und Megan

Weihnachten ist das ganze Jahr dort,
wo Liebe verschenkt wird.

Die zwölf Weihnachtstage

Am zwölften Weihnachtstag
schickte mir meine wahre Liebe
zwölf trommelnde Trommler
elf musizierende Dudelsackspieler
zehn hüpfende Lords
neun tanzende Ladys
acht melkende Mägde
sieben schwimmende Schwäne
sechs brütende Gänse
fünf goldene Ringe
vier Singvögel
drei französische Hennen
zwei Turteltauben
und ein Rebhuhn in einem Birnenbaum!

„The Twelve Days of Christmas", auf Deutsch: „Die zwölf Weihnachtstage", ist eines der bekanntesten Weihnachtslieder im englischsprachigen Raum und in Form eines Kinderreims verfasst. Der Liedtext wurde erstmals 1780 in einem englischen Kinderbuch abgedruckt, ist aber sehr viel älter. In dem Lied wird nacheinander aufgezählt, welche Geschenke der Sänger an den zwölf Weihnachtstagen (gemeint sind die Tage vom Christfest bis zum Dreikönigstag) von seiner wahren Liebe geschenkt bekommen hat. In der vorliegenden Geschichte beginnen diese zwölf Tage allerdings bereits am zwölften Tag *vor* Weihnachten. Und diese zwölf adventlichen Tage vor dem Christfest bringen Joanne und ihren Kindern die Weihnachtsfreude zurück …

Vorwort

Liebe Leser,

ich habe den Liedtext „The Twelve Days of Christmas“ als Kind im Schulchor gelernt, zu einer Zeit, als der Zauber der Weihnachtszeit mich noch mit großer Ehrfurcht erfüllte sowie mit der Erwartung, dass Träume wahr werden können. Rebhühner und Birnenbäume, tanzende Ladys und springende Lords – ich war immer der Meinung, die Zeilen dieses Weihnachtsliedes seien total absurd. Ich wusste nicht, dass der Schlüssel zum Glück gerade *in* diesem verrückten Lied verborgen liegt.

Ich hatte mein bisheriges Leben damit zugebracht, nach den im Lied genannten „fünf goldenen Ringen“ zu streben: einem Ehemann, drei gesunden Kindern und einem gemütlichen Zuhause. Dann starb mein geliebter Mann in einer Nacht kurz vor Weihnachten im Jahr 1999, und mir wurde klar, dass mein Gold so zerbrechlich wie Glas war.

Ich war am Boden zerstört. In den vor uns liegenden Festtagen fand ich keinen Trost und keine Freude, stattdessen zerbrachen die Erinnerungen mein Herz, so wie ein heftiger Stoß eine Weihnachtsbaumkugel zerbricht.

Ich hörte auf zu singen. Es tat sogar weh, zu atmen. Ich wollte die Weihnachtstage aus unserem Leben verbannen. Doch dann geschah etwas Unglaubliches.

Dreizehn Tage lang wurden plötzlich Geschenke vor unserer Haustür abgelegt. Es waren kleine Aufmerksamkeiten, passend zur Weihnachtszeit. Und diese kleinen Geschenke waren jeweils begleitet von einer Karte, auf der Zeilen geschrieben standen, die denen aus dem Lied „The Twelve Days of Christmas" ähnelten. Jede Karte war unterzeichnet mit: „Eure wahren Freunde". Anfangs weigerte ich mich, irgendetwas Weihnachtliches in meinen Kummer dringen zu lassen. Aber als Tag für Tag ein weiteres Geschenk auftauchte, begann mein Herz langsam aufzutauen. Die Geschenke zauberten ein Lächeln auf das Gesicht meiner Kinder und brachten uns als Familie dazu, wieder miteinander zu reden. Wir begannen, die Überbringer der geheimnisvollen Geschenke ausfindig zu machen. Die unbekannten Weihnachtsboten hatten uns einen Weg aufgezeigt, wieder eine Familie zu sein.

Die Romantikerin in mir glaubt gern, dass ein Wunder meine Familie an Weihnachten berührte, und in gewisser Weise ist das auch wahr. Aber ich weiß, dass das Wunder darin bestand, dass eine kleine gute Tat meine Familie rettete und uns wieder zusammenbrachte. Jahre später wird mein Weihnachten immer noch von diesem Licht erhellt, das diese wahren Freunde in unser Leben brachten. Wenn ich darüber nachdenke, welch enormen Einfluss diese anonym abgegebenen Geschenke auf meine Familie hatten, dann erkenne ich, dass sie auch meinen Blickwinkel auf die Weihnachtszeit verändert haben. Weihnachten ist für mich nicht mehr nur ein Anlass, um geliebten Menschen Geschenke zu machen und selbst Geschenke zu erhalten. Vielmehr ist Weihnachten für mich zu einer Zeit geworden, in der es wichtiger denn je ist, aus meiner eigenen Welt hinauszutreten, an Menschen um mich herum zu denken, mein Herz zu öffnen, mich auszustrecken und mich irgendwo einzubringen. Die Weihnachtsfeiertage sind für mich heute eine Zeit der Freude und der Erinnerung.

Wollen Sie wissen, wie man derer gedenken kann, die Weihnachten nicht bei uns sein können, wie man neue und schöne Erinnerungen schafft und die Zeit des Schenkens auf ganz besondere Weise erlebt? Dann kommen Sie mit. Ich werde Ihnen die Geschichte erzählen, die meine Familie für immer verändert hat, die Geschichte vom Heilungswunder des dreizehnten Geschenks.

Joanne Huist Smith

1

Der erste Weihnachtstag

Es ist kurz vor dem Morgengrauen am 13. Dezember, als mich meine Tochter Megan an meinem Nachthemd zupft.

„Mama, wir haben den Schulbus verpasst."

Verwirrt und im Halbschlaf gebe ich meinen Kindern Anweisungen. „Wascht euch kurz das Gesicht und zieht euch an! In der Küche könnt ihr euch Bananen und Müsliriegel nehmen. Wir müssen in zehn Minuten los!"

Megan düst los wie angewiesen, während ich ihre weniger kooperativen Brüder zum Aufstehen antreibe.

Als ich höre, dass sie aufstehen, wasche ich mich in zwei Minuten, trage mir etwas Make-up auf und reibe etwas Babypuder in meine Haare, um ihnen Halt zu geben. Ein dunkles Kostüm wird mein heutiges Outfit. Das Bild, das ich im Spiegel sehe, ist nicht sehr aufbauend, aber zumindest passen meine roten Augen gut zu meiner zerknitterten Kleidung.

„Wehe, irgendjemand sagt etwas", sage ich und starre mein Spiegelbild an. Ich sehe nach, ob meine drei Kinder bereit sind – Megan, zehn Jahre, Nick, zwölf, und Ben, siebzehn – und krame in der Handtasche nach den Autoschlüsseln.

„Noch zwei Minuten, dann ist jeder von euch draußen!", rufe ich.

Als ich die Haustür öffne, bete ich um wenigstens ein paar Sonnenstrahlen. Stattdessen empfängt mich das um diese Jahreszeit typische Bellbrook-Ohio-Wetter: nass, grau und kalt. Es war die Wärme der Menschen, unserer Nachbarn, die Gemeinschaft im Ort, die uns in diesen südlichen Vorort von Dayton gebracht hatte. Aber in jenen Dezembertagen spüre ich nur die Kälte.

In meiner Eile, auf dem Weg zu meinem Auto, stolpere ich fast über den Weihnachtsstern, der vor meiner Tür steht. Die Regentropfen auf seiner weihnachtlichen Zellophan-Umhüllung glänzen im Licht der Veranda.

„Was zum Kuckuck ist denn …?"

Megan linst an mir vorbei und ihr Gesicht hellt sich auf. „Oh, der ist ja schön!"

Ja, das ist meine Tochter: immer voller Hoffnung, auch wenn wir so Schweres durchgemacht haben. Ich wünschte, ich könnte mehr wie sie sein.

„Ja, wirklich hübsch. Wo sind Nick und Ben? Hol deine Brüder."

„Wo kommt der denn her, Mama? Los, wir bringen ihn schnell rein."

Ich stehe im Türrahmen und beobachte, wie der kalte Regen auf die vier blutroten Blütenblätter trommelt. Für mich hat das Reinbringen der Pflanze gerade so viel Charme, wie wenn ich einen nassen, tollwütigen Hund zum Weihnachtsfest einladen würde. Ich verstehe jetzt den Geizkragen namens Scrooge aus Charles Dickens' Weihnachtsgeschichte. Ich möchte heute Abend ins Bett gehen und erst am 26. Dezember wieder aufwachen. Weihnachten kann ausfallen. Keine Einkäufe, kein Plätzchenbacken, kein strahlender Lichterbaum. Ich bin nicht in Stimmung, um neue Erinnerungen zu sammeln. Die, die ich habe, tun nur weh. Ich kann mir nicht vorstellen, dass sich neue Erinnerungen irgendwie besser anfühlen. Nein, ich erwarte nicht, dass ich die Feiertage ganz umgehen kann. Ich hoffe lediglich, dieses ganze Weihnachtstrara, so gut es geht, minimieren zu können. An Weihnachten soll sich alles um die Familie drehen, heißt es. Doch unsere Familie hat ein Loch, das größer als lebensgroß ist. Die Pflanze, dieser Weihnachtsstern in der Zellophanhülle, kann das nicht füllen.

Ich stelle mir vor, wie mein Mann neben dem Schrank steht, den er letzten Dezember mit Regalbrettern ausgekleidet hat. Neben ihm steht unsere prächtig geschmückte kanadische Tanne in einem wachsenden Häufchen von Tannennadeln.

„Du ruinierst unseren Weihnachtsbaum", schimpfte ich und zeigte auf den größer werdenden Beweis auf dem Fußboden. Er schlug mit dem Hammer auf ein Regalbrett. Die Zweige der Tanne zitterten von der Vibration.

„Zumindest sitzen diese Böden jetzt fest", sagte er.

Warum bin ich jetzt so allein?

Ich suche nach ihm im Schatten des Hauses, in den Stunden zwischen Gutenachtküssen und dem frühen Weckerklingeln, auch wenn ich weiß, dass er nicht da ist. Mein Rücken schmerzt vom ständigen Piken einer gesprungenen Sofafeder, aber ich bringe es nicht über mich, in unserem Ehebett im oberen Stockwerk zu schlafen.

Der Raum, den Rick füllte, ist leer.

Meine Tochter Megan braucht Weihnachten, aber ich bin nicht bereit, mich auf diesen Trubel einzulassen. Diese Pflanze, die plötzlich aus dem Nichts aufgetaucht ist, wird sicher die Nörgelei in Gang setzen, doch jetzt endlich einen Weihnachtsbaum zu kaufen und in den Weihnachtskisten im Keller nach unserem Weihnachtsschmuck zu stöbern. Ich überlege, Ricks Bruder Tom und seine Frau Charlotte zu fragen, ob die Kinder die Feiertage bei ihnen verbringen können. Ich könnte mich dann vor den Festtagen verstecken, während sie meine Kinder mit Geschenken überhäufen und mit Truthahn und Bananenpudding vollstopfen. Die Kinder wären nur ein paar Kilometer entfernt, falls ich sie vermissen würde, aber ich könnte das Baumschmücken Tom und Charlotte überlassen. Diese Idee zu vermitteln, wird schwer werden. Ich kann schon den Chor ihrer Stimmen hören: „Auf keinen Fall!" Und meine Stimme wird am lautesten rufen: „Auf gar keinen Fall!" Ich will kein Weihnachten, aber ich möchte, dass die Kinder bei mir sind.

Die Uhr auf dem Kamin schlägt sieben, und ich schalte wieder in meinen „Singlemutter mit Kindern, die fast zu spät zur Schule kommen"-Modus.

„Ich weiß nicht, woher die Blume kommt, Meg. Aber ich bringe sie nicht rein. Sie ist nass, und die Blumenerde sieht aus wie ein Schlammbad."

„Aber Mama, es ist eine Weihnachtsblume!“

Megan bettelt um die Pflanze, während Ben die Treppe aus seinem Kellerzimmer hochkommt. Ich weiß, dass er bis fast drei Uhr morgens unterwegs war, und ich bin nicht so dumm anzunehmen, dass er bis dahin für die Schule gelernt hat. Er gibt mir erst gar keine Chance, „Guten Morgen“ zu sagen oder ihn daran zu erinnern, dass er die Abmachung, spätestens um 22 Uhr zu Hause zu sein, nicht eingehalten hat.

„Ich seh nicht ein, warum ich zur Schule gehen soll. Die meisten meiner Freunde sind schon in die Winterferien abgedüst.“

Der Gedanke daran, noch einmal diese Art Diskussion zu führen, erschöpft mich. Ich möchte zurück unter die Decke kriechen und ihm sagen, es ebenso zu tun, aber diese Option gibt es nicht. „Hol jetzt deine Jacke, du hast schon genug Schultage verpasst“, sage ich.

Megan steht zwischen uns. „Schau mal, Ben, was wir auf der Veranda gefunden haben.“

Ich weiß nicht, warum oder wann – aber Megan ist in letzter Zeit die Friedensstifterin in unserer Familie geworden.

„Wo kommt das denn her?“, fragt Ben interessiert und geht an mir vorbei, um die Pflanze hochzunehmen.

Ich hebe eine Hand, um ihn aufzuhalten.

„Oha.“ Ben bleibt kurz stehen, aber seine Augen warnen mich kampfeslustig.

Ich weiß, dass es Worte gibt, die ihn besänftigen, aber sie gehören an diesem Morgen nicht zu meinem Vokabular. „Bitte hol jetzt deinen Rucksack.“

Ben gehorcht. Er läuft die Kellertreppe hinunter zu seinem Zimmer, während Nick aus seinem Zimmer in der oberen Etage herunterstürmt. Megan zieht ihn sofort in ihre Debatte um den Weihnachtsstern: „Mama will ihn nicht reinbringen, aber ich finde, es ist zu kalt draußen für das Pflänzchen."

Nick wirft einen Blick auf den Weihnachtsstern. „Bring das besser nicht rein", flüstert er Megan zu. „Es könnte eine als Pflanze getarnte Bombe sein. Es ist sicher okay, solange sie draußen ist, bei den niedrigen Temperaturen, aber wenn du sie ins warme Haus bringst, dann macht's *peng*!"

Megan bettelt: „Mama!"

Ich seufze. „Okay, okay, ich bringe sie rein." Meine Fingernägel werden schwarz von der nassen Erde.

„Shit."

„Sag das nicht", schimpft Megan. Sie folgt mir in die Küche, in der Hand hält sie eine Plastiktüte. „Mama, guck mal, da ist noch etwas." Sie fingert eine selbst gemachte Weihnachtskarte aus der Tüte. Die Nachricht ist auf gelbem Pergament geschrieben, was der Karte eine altertümliche Note gibt. In die untere Ecke ist ein Stechpalmenblatt gezeichnet. Die Worte, die in eleganter Schreibschrift zu Papier gebracht worden sind, kommen mir bekannt vor, auch wenn einige Zeilen anders lauten:

Am ersten Weihnachtstag
schenken euch eure wahren Freunde
einen Weihnachtsstern.
Euch allen.

Megan singt zu den Zeilen das bekannte Lied und beginnt in der Küche herumzutanzen. Unser blauäugiger Husky Bella stimmt mit Geheul ein.

Nick greift nach der Karte. „Welche Freunde? War es Tante Charlotte? Onkel Sam? Jemand aus der Schule? Vielleicht eine Lehrerin?"

Ich kann es ihm nicht beantworten.

Im Moment fühlt es sich so an, als wenn wir keine Freunde hätten. Anrufe von Menschen, die einfach mit mir plaudern wollen, kommen keine mehr; auch die Wochenend-Verabredungen haben aufgehört. Es liegen keine Weihnachtskarten in unserem Briefkasten, nur Rechnungen.

Ben nutzt den Moment, um kundzutun, dass er nicht in die Schule gehen wird. „Ich habe Kopfschmerzen, ich gehe zurück ins Bett."

Ich möchte meine Arme um Ben legen und ihm sagen, dass ich ihn komplett verstehe, dass er dieses Lied und alles, was mit Weihnachten zu tun hat, am liebsten verbannen möchte, aber ich habe nicht die Energie dazu. Stattdessen denke ich an die Stimme ihres Vaters, die immer dann am lautesten war, wenn wir genau dieses Lied sangen – während er uns zu einer Weihnachtsbaumschule außerhalb von *Yellow Springs* fuhr.

Nach fast zwanzig Jahren Ehe war ich an Ricks schiefes Singen gewöhnt, aber ich war dennoch dankbar, dass die Fenster unseres Trucks geschlossen waren. Auf dem Baumschulgrundstück schlenderten wir immer durch die Reihen von Wald- und Weymouth-Kiefern, vorbei an kanadischen Tannen und Blautannen.

Megan wollte am liebsten von jeder Sorte eine. Nick wollte unbedingt einen vier Meter fünfzig großen Baum, auch wenn unsere Wohnzimmerdecke nur drei Meter sechzig hoch war. Bens einziger Wunsch war, dass der Baum unten nur wenige Zweige hat. „Dann ist mehr Platz für Geschenke", erklärte er.

Zusammen suchten wir dann den perfekten Baum aus. Anschließend trieb Rick die Kinder und mich zurück in den warmen Wagen, wo wir heiße Schokolade tranken, die ich zu Hause in eine Thermoskanne abgefüllt hatte. Mein Mann ging dann noch mal allein raus und mühte sich mit der stumpfen Axt am Baumstamm ab, um unseren Christbaum zu fällen. Wenn er dann in seinem rot-schwarzen Flanellhemd, den dunklen Jeans und seiner Strickmütze den Baum zum Truck zog, sah er aus wie ein Holzfäller: stark, gesund und wild, aber mit bezaubernden roten Wangen.

Rick war knapp zwei Meter groß und seine Hände waren groß genug, um darin ein Dreieinhalb-Kilo-Baby zu tragen. Er war angesichts seiner Stärke in seiner Rolle als Beschützer, Versorger und „großer Papa" total aufgegangen. Stets hatte er seine riesigen Arme um uns gelegt.

Die Uhr auf dem Kaminsims schlug wieder und erinnerte mich daran, wie spät wir wirklich dran waren. In der Zwischenzeit hatte der Weihnachtsstern eine Pfütze von Schmutzwasser auf dem Küchentresen hinterlassen, das in Form eines Rinnsals auf den Fußboden lief. Ich nehme den Topf und knalle ihn in die Spüle. Er fällt um und verteilt feuchte Erde auf dem sauberen Geschirr, das dort noch zum Trocknen vom letzten Abendessen steht.

„Shit, shit, shit. Ab jetzt ins Auto!“, rufe ich.

„Mama!“ Megan schnaubt und stampft mit dem Fuß auf.

„Ich weiß, ich weiß. Ich soll das nicht sagen.“

Megan stellt den Blumentopf wieder auf, dann schnappt sie ihren Rucksack und eilt zum Auto. Ihre Brüder und ich folgen ihr.

Ich liefere den immer noch grummelnden Ben an der Highschool ab und navigiere mich zwischen diversen Elternautos bis zu Nicks Mittelschule durch.

„Pass auf in Mathe“, rufe ich, während er die Autotür zuknallt. Er läuft einfach weiter.

Megans Unterricht beginnt später als der ihrer Brüder, deshalb sitze ich noch zwanzig Minuten mit ihr im Auto und übe mit ihr Rechtschreibung – die Wörter haben natürlich alle einen weihnachtlichen Bezug.

„Baumschmuck. B-a-u-m-s-c-h-m-u-c-k. Baumschmuck. Weihnachtsstern. W-e-i-h-n-a-c-h-t-s-s-t-e-r-n. Denkst du … denkst du, Daddy hat ihn für uns dagelassen, Mama? Du weißt schon, den W-e-i-h-n-a-c-h-t-s-s-t-e-r-n.“

Sie sieht mich mit ihren schokoladenbraunen Augen an, die denen ihres Vaters so ähneln, aber es liegt eine neue Sehnsucht darin, die zwei Monate zuvor noch nicht da war. Ich möchte ihr sagen, dass seine Liebe uns alle umgibt, aber wie kann ich das tun, wenn ich nicht sicher bin, ob das wahr ist? Soll ich lügen? Ist es nicht einfacher, sich an bodenständige Themen wie Schule, Basketballtraining und ihre Pfadfindergruppe zu halten?

Sie braucht die Rückversicherung von mir, dass alles gut werden wird, aber ich bin nicht sicher, dass es so kommen wird.

„Was ich jetzt denke, ist, dass es langsam Zeit ist, in deine Klasse zu gehen“, sage ich, während ich den Reißverschluss ihrer hellgelben Jacke hochziehe. Ich gebe ihr einen Kuss auf die Stirn. „Zieh deine Kapuze hoch, denn …“

„… es ist kalt draußen.“ Wir sagen es zur gleichen Zeit und lachen.

Sie läuft los, doch dann dreht sie sich plötzlich um und rennt zurück zum Auto. Ich schaue nach hinten zur Rücksitzbank, um zu sehen, was sie vergessen hat, aber dort liegt nichts. Megan drückt ihre Nase gegen das Autofenster, gerade als ich es runterlassen will. Das Glas wird von ihrem Atem beschlagen.

„Können wir dieses Wochenende einen Weihnachtsbaum kaufen, Mama? Bitte! Okay, großartig“, sagt sie, ohne meine Antwort abzuwarten.

„Vielleicht, wenn du dein Zimmer endlich aufräumst!“, rufe ich ihr schwach hinterher, aber sie rennt schon los in Richtung Schule. Sie winkt kurz, bevor sie im Gebäude verschwindet, und nimmt das, was von meinem Herzen übrig ist, mit hinein.

Bevor ich den ersten Gang einlege, verschwimmt mein Blick vor lauter Tränen.

Meinen Weg ins Büro fahre ich wie im Dämmerzustand, vorbei an den Weihnachtsgirlanden, die die Laternen der Einkaufspassage schmücken. Als ich die Autobahnauffahrt erreiche, habe ich das Gefühl, ich müsste schreien.

Ich haue aufs Lenkrad und treffe aus Versehen die Hupe. Ein älterer Mann in einem schwarzen Sedan weicht auf die langsamere Spur aus, und ich drücke, mich schuldig fühlend, aufs Gaspedal. Ich schäme mich heute wegen allem, was ich tue, und ja, ich schäme mich auch deswegen, weil eine Art von Panik unser Zuhause erfüllt, seit Rick von uns gegangen ist.

Ich habe Panik vor dem sich türmenden Stapel von Rechnungen, die ich außer Sichtweite in der Küchenschublade aufbewahre. Die Stromgesellschaft hatte vor nicht allzu langer Zeit eine Vorauszahlung gefordert, auch wenn Rick und ich seit zwanzig Jahren bei ihr Kunde waren. Der Vertrag war natürlich auf seinen Namen ausgestellt. Mein Name war den meisten Vertragsgesellschaften unbekannt, aber sie lernen ihn jetzt langsam.

Meine Freundin Kate sagt, Rick lebe jetzt in Frieden. Er sei an einem Ort, an dem es keine Schmerzen, keine Sorgen, keine Angst gibt, aber ich stelle mir vor, dass Rick total wütend auf Gott ist. In mir wütet es, es fühlt sich heiß und brennend an. Ich kann den Kindern nicht erklären, warum das passiert ist, warum andere Familien Väter haben und sie nicht. Ich kann ihnen nicht sagen, dass ich wünschte, ich wäre stattdessen gestorben, denn Rick würde wissen, wie er ihnen da durchhelfen könnte.

Ein Autofahrer, der kaum alt genug ist, um einen Führerschein zu haben, drückt auf die Hupe, und mir wird bewusst, dass mein Auto mitten auf der gestrichelten Linie zwischen zwei Spuren fährt.

„Himmel noch mal, Jo, pass auf!“, sage ich zu mir selber, und formuliere dann ein stilles „Sorry“ in Richtung des Jugendlichen, der als Antwort seinen Mittelfinger hochstreckt. Ich überlege für einen Bruchteil einer Sekunde, ob ich die Geste erwidern soll, aber mein Herz steht nicht dahinter. Ich bin dankbar, dass der junge Mann meine Aufmerksamkeit wieder in Richtung Straße gelenkt hat.

Inzwischen fühle ich warme Luftströme aus den Ventilatoren kommen, aber ich fröstele noch immer.

Was würde aus den Kindern werden, wenn mir etwas passiert?

In den letzten Wochen habe ich angefangen, mich gleich bei jedem Schmerz und jedem Wehwehchen zu sorgen. Manchmal werde ich schon nervös, wenn ich nur mit dem Hund rausgehe.

„Du bist schon paranoid", sage ich laut und merke auf einmal, dass ich immer noch mit mir selbst rede. Ich glaube, der Fahrer in dem Geländewagen links neben mir hat es auch bemerkt.

„Ich bin nicht verrückt", rufe ich. Der Fahrer legt zu.

Hinter dem geschlossenen Autofenster fühle ich den Hauch von Draufgängertum, bis mir klar wird, dass ich wieder mit mir selbst rede.

Musik. *Mach das Radio an.*

Ich stelle 99,9 FM ein und hoffe auf ein fröhliches Lied. „*Chestnuts roasting on an open fire …*" Anne Murrays Stimme erfüllt das Auto.

„Das hilft jetzt auch nicht", sage ich zum Radio.

Ich stelle einen anderen Sender ein, nach wenigen Sekunden noch einmal und dann noch einmal. Nach drei Kilometern mache ich das Radio aus. Alle Songs, sogar die, die ich noch nie gehört habe, erinnern mich an Rick.

Es ist eine Erleichterung, dass der Parkplatz vor dem Redaktionsgebäude der Dayton Daily News, wo ich arbeite, leer ist. Ich fingere ein Taschentuch aus dem Handschuhfach und versuche, mein verschmiertes Augen-Make-up wegzuwischen. Ich habe noch einen Moment Zeit, die Augen zu schließen und mich von der Fahrt zu erholen, Zeit genug, um die Röte aus meinen Augen weichen zu lassen und neue Schminke aufzutragen.

Trotz des turbulenten Morgens gehöre ich zu den Ersten, die im Büro auftauchen. Einer nach dem anderen trudeln meine Kollegen ein. Wir sind alle sehr beschäftigt, besonders jetzt, so kurz vor den Feiertagen, wo jeder schnell mit der Arbeit fertig werden will, um noch die Weihnachtseinkäufe für seine Lieben erledigen zu können. Ich frage mich, ob jemand aus dem Büro hinter dem Weihnachtsstern steckt. Ich erwähne das geheimnisvolle morgendliche Geschenk, aber niemand scheint interessiert zu sein. Das finde ich verdächtig. In der Redaktion gibt es das nicht, dass es keine Antwort auf eine Frage gibt. Mein Reporterhirn vermutet sofort, dass es einen Grund dafür geben muss, dass niemand sonst Interesse an der mysteriösen Pflanze zeigt. Liegt es daran, dass sie schon wissen, von wem sie ist?

Joann Rouse, eine meiner Kolleginnen, kommt als Letzte. Sie war immer um mich herum gewesen bei Ricks Beerdigung, hatte neben mir gestanden und mir Papiertaschentücher angeboten. Danach hatte sie mich mehrere Male zum Mittagsimbiss aus dem Büro genötigt, unter dem Vorwand, dass wir nach neuen Themen für Artikel suchen müssten. Sie lenkte die Unterhaltung immer wieder auf meine Familie. Ich wusste nie, wie ich ihre Nachfragen nach den Kindern, dem Haus und danach, wie es mir geht, beantworten sollte. Das Mittagessen endete gewöhnlich mit Tränen, ihrer- und meinerseits.

Zumindest ist es ihr wichtig nachzufragen.

Ein anonymes Geschenk vor der Tür abzustellen, könnte zu ihr passen. Ich erzähle ihr von dem Weihnachtsstern und beobachte genau ihre Reaktion.

„Vielleicht wird der Überbringer sich Weihnachten zu erkennen geben“, sagt sie, während sie auf ihrem Telefon einen Code eintippt, um ihre Nachrichten abzuhören.

Nicht die Reaktion, die ich von einer Kollegin erwarte, der ich von einem Weihnachtsgeheimnis erzähle.

Sie ist Reporterin. Reporter sind neugierig.

Sie muss hinter dieser Pflanze stecken, denke ich.

Meine Kollegin dazu zu bringen, zuzugeben, dass sie es war, bedarf Finesse. Ich beginne sie beiläufig zu befragen, nachdem sie den Hörer wieder aufgelegt hat.

„Schon mit Weihnachtseinkäufen begonnen?“, frage ich.

Joann zuckt zusammen und rollt mit den Augen. „Noch nicht. Vielleicht dieses Wochenende“, sagt sie lässig, während sie beobachtet, wie ihr Computer langsam hochfährt.

Meine Kollegin ist verdächtig darum bemüht, sich ihrem Tagesgeschäft zuzuwenden. Sie blättert durch einen Notizblock, der meines Erachtens leer ist. Ich dränge mit einer weiteren Frage.

„Hast du dir schon die Weihnachtsbaum-Verkaufsstände in der Stadt angesehen? Megan drängt mich, einen zu kaufen.“

Joann schaut mich an. „Der Stand am Ende der Straße hat wunderschöne Bäume. Ich hab dort gestern Abend angehalten, um einen Kranz zu kaufen. Sie haben die größten Weihnachtssterne, die ich je gesehen habe.“

„Weihnachtssterne, wirklich?“, frage ich. „Und hast du zufällig einen für eine Kollegin gekauft?“

Statt es zuzugeben, lacht Joann. „Hey, Jo, freu dich an der Pflanze, es ist doch egal, wer sie dagelassen hat.“

Nein, das ist es nicht, ich hab es rausgefunden.

Zuversichtlich, dass ich die Identität unserer „wahren Freunde“ rausgefunden habe, lasse ich alle Sorgen um die Kinder und die Gedanken um Weihnachten hinter mir, um mich einem Artikel zum Thema Schulfinanzierung zu widmen. Für einige Stunden bin ich weder Witwe noch Mutter. Ich trete diese Rolle dankbar ab, wenn auch nur für eine kleine Weile.

***

Kurz nach halb drei beginnen die Kinder anzurufen. Megan ist die Erste. Sie ist zu Hause und hat die rote Folie, die den Weihnachtsstern umhüllt, mit einem alten Wischlappen und Spüli abgewaschen.

„Sieht aus wie gefärbt“, verkündet sie. „Ich mag ihn.“

„Was sieht wie gefärbt aus, die Verpackung oder der Wischlappen?“, frage ich.

„Beides“, kichert sie. „Ich hab heute Pfadfindertreffen. Kannst du mich um halb sieben abholen?“

Zehn Minuten später ist Nick am Telefon. „Ringkampf-Training geht bis halb acht. Vergiss es nicht. Es ist in der Schulturnhalle.“

„Ich werde da sein, ganz bestimmt.“

Fünfundvierzig Minuten vergehen, bevor ich etwas von Ben höre. „Megan sagt, wir werden dieses Wochenende einen Weihnachtsbaum kaufen. Aber ich bin leider schon ausgebucht."

„Ich weiß noch nicht genau, wann wir es machen", gebe ich zur Antwort.

„Das ist egal", sagt Ben. „Ich hab das *komplette* Wochenende was vor."

Ich beginne mich zu sorgen, dass ich meine Geschichte nicht mehr redigiert bekomme und nicht pünktlich aus dem Büro komme, um alle Kinder abzuholen und das Abendessen zuzubereiten. Um zwanzig nach sechs verlasse ich schließlich die Redaktion. Es bleiben ganze zehn Minuten, um die halbe Stunde nach Bellbrook zu schaffen. Ich fahre noch viel schneller als heute Morgen auf dem Weg ins Büro, aber in mir steigt Panik auf, als die Zeit überschritten ist. Ich hab noch nie eins meiner Kinder in der Kälte warten lassen.

Megan steht mit mehreren Freundinnen draußen vor der Schule, als ich ankomme. Sie lächelt. Ich bin nicht die letzte Mutter.

„Schau mal, was wir bei den Pfadfindern heute gemacht haben."

Von einem Stück roten Garn baumelt ein Weihnachtsbaumanhänger, der aus Bastelpapier und Holzstöckchen besteht: ein Weihnachtsstern.

„Das ist für unseren Weihnachtsbaum", sagt sie, als ob sie mich nochmals daran erinnern will.

2

Der zweite Weihnachtstag

Seit Wochen ermahnt mich meine Schwägerin Charlotte, mit den Weihnachtsvorbereitungen zu beginnen. „Du musst für die Kinder ein Weihnachtsfest machen", ist ihre neue Dauerleier. An diesem Morgen hatte sie noch vor sechs angerufen und mir angeboten, Nick und Megan abends vom Training abzuholen, damit ich etwas Zeit hätte, um nach der Arbeit ein paar Einkäufe zu erledigen. „Bring es hinter dich", insistiert sie. „Du magst doch Weihnachtseinkäufe. Und etwas rauszukommen kann dich vielleicht ein wenig aufheitern."

Ich verstehe ihre Logik nicht, aber ich willige in einen Versuch ein.

So finde ich mich nun auf einem Parkplatz wieder, darauf wartend, dass eine Mutter und ihr Kleinkind vor einer freien Parklücke Platz machen, als ein grauhaariger Opa seinen Lexus haarkantenscharf um sie herummanövriert und sich mir meinen anvisierten Parkplatz schnappt. Die Mutter zieht ruckartig ihren Einkaufswagen zurück, um einen Zusammenprall zu vermeiden.

„Mistkerl!“, schreit sie und bedeckt dabei die Ohren ihrer Tochter mit ihren Handschuhen.

„Fröhliche Weihnachten“, ruft der alte Kerl beim Aussteigen. Er zwinkert mir beim Vorbeilaufen zu. Ich möchte ihm sein arrogantes Grinsen am liebsten auf sehr unweihnachtliche Art austreiben, aber er hechtet schon durch die Ladentür. Ich war nie sehr musikalisch, aber ich stelle mir gerade vor, dass ich den Text des Liedes „Silver bells, silver bells, it's Christmas time in the city“ umschreibe. In meiner Textversion treffen die Menschen auf „eine finstere Miene nach der anderen“ statt auf „ein Lächeln nach dem andern“.

Ich gebe meine Suche nach einem Parkplatz in erster Reihe auf und fahre zum benachbarten Einkaufszentrum, wo die meisten Geschäfte schon zuhaben.

Als ich den Laden betrete, bringen die aus den Lautsprechern tönenden Liedzeilen von „Frosty the Snowman“ meinen Vorsatz ins Wanken. Obwohl es meine Absicht war, ein Mountainbike für Nick zu kaufen, ziehe ich erst in Richtung Ricks Lieblingsabteilung, der Baufachabteilung. Die Anordnung der Gänge hier ist mir so vertraut wie die in der Hauswarenabteilung. Immer, bevor Rick eine Baumaßnahme in Angriff nahm – den Betonkellerraum in ein Spielzimmer zu verwandeln oder eine Terrasse an die Hausrückseite zu bauen –, schleppte er die ganze Familie mit in die Baufachabteilung, um das benötigte Material auszusuchen. Mir kommt plötzlich die Idee, dass ich irgendein nützliches Werkzeug kaufen könnte, um es in Ricks Namen der Heilsarmee oder „Habitat for Humanity“ zu spenden.

Ich kann mich nicht erinnern, dass ich in diesem Teil des Kaufhauses jemals zuvor Weihnachtsmusik gehört habe, aber die Musik zu „Frosty the Snowman“ ist laut genug, um das leichtere Inventar in den Regalen zum Vibrieren zu bringen. Ich stelle mir vor, dass ich die Aktivitäten des Schneemannes mit einer heißen Lötlampe beende oder zumindest die Beschallungsanlage des Geschäftes auf den Grill lege. Es ist grausam, aber der Gedanke lässt mich etwas über mich selbst lachen.

„Haben Sie Schweißbrenner?“, frage ich einen Angestellten.

Ich lade den Brenner in meinen Einkaufswagen und denke, dass das vielleicht eine nützliche Spende oder auch ein Weihnachtsgeschenk für meinen Schwager Tom sein könnte. Vielleicht behalte ich ihn auch selber. Ein wahrscheinliches Szenario ist, dass es keine Geschenke oder keinen Baum geben wird, um sie Weihnachten darunterzulegen.

Jetzt kaufe einfach nur ein Fahrrad. Eins nach dem anderen.

Auf meinem Weg in die Spielwarenabteilung werfe ich Geschenkpapier-Rollen, Geschenkanhänger und Tesafilm in den Wagen sowie Sportsocken und Unterwäsche für jedes der Kinder – Socken und Unterwäsche waren die einzigen Sachen, die Jahr für Jahr auf Ricks Wunschliste standen. Als wir uns kennenlernten, verstand Rick nicht, dass ich den Drang hatte, für jeden das perfekte Geschenk auszusuchen. Seine Mutter war gestorben, als er drei Jahre alt war, und die Weihnachtsfeiertage hatten in seiner Familie nie große Bedeutung gehabt. Die Geschenke, die er erhielt, waren deshalb meist praktischer Art… bis er mich traf. Es dauerte etwas, bevor ich ihn mit meiner Begeisterung für Weihnachten anstecken konnte. Vielleicht hab ich ihn auch überfordert. Das Jahr, als ich ihm die Videokamera kaufte, wartete er zwei volle Tage, bevor er den Karton öffnete, es war ein Protest über die hohe Ausgabe. Am nächsten Tag sah ich, wie er die Anleitung studierte, und an Silvester drohte er, seine Firma zu verlassen und stattdessen Filme zu drehen. Er schenkte mir in jenem Jahr ein Nachthemd, passend zu einem, das ich bereits besaß.

Im Jahr darauf kaufte er mir eine Sterling-Silberkette mit passendem Armband.

Ich verstehe jetzt, warum sein Vater Weihnachtseinkäufe nicht besonders mochte. Es fühlt sich so an, als würde ich meinen Mann betrügen, wenn ich nur daran denke, Weihnachten zu feiern. Alles, was ich mir zu Weihnachten wünsche, ist er. Der Gedanke, neue Festtagserinnerungen ohne Rick zu schaffen, lässt mich ihn umso mehr vermissen. Ich funktioniere einfach nicht mehr unter dem gleichen Modus Operandi wie in den vergangenen Jahren, und ich habe keine Ahnung, wie ich mich verhalten soll.

„Mist, ich brauche so ein dämliches Handbuch."

Meine Klage ist laut genug, dass eine Verkäuferin herbeieilt. „In der Videoabteilung", antwortet sie und zeigt in Richtung Ende des Geschäfts, mein anstößiges Vokabular ignorierend. „Bücher sind hinten bei den Videos."

Ich bewege mich in die angegebene Richtung, peinlich berührt, dass man mich beim Selbstgespräch ertappt hat. Ich hoffe, die Angestellte schreibt mein Verhalten der gegenwärtigen

Weihnachtsmanie zu und nicht meinem allgemeinen Zustand. Ich drehe mich um, um zu sehen, ob sie mit einem anderen Kunden beschäftigt ist. In dem Moment passiert mir ein wirkliches Missgeschick. Ich knalle mit meinem Einkaufswagen in einen lebensgroßen, aufgeblasenen Garten-Weihnachtsmann; er verliert keine Luft, aber er schwankt bedrohlich über einer Regalreihe von Glaskerzenhaltern.

„Kann ich Ihnen irgendwie behilflich sein?"

Jetzt habe ich die ungeteilte Aufmerksamkeit der Verkäuferin, und sie sieht gar nicht überrascht aus, als sie sieht, dass ich fast die Verkaufsfläche verwüstet hätte.

„Meine Tochter würde ihn toll finden", sage ich schwach.

„Dann kaufen Sie doch einen."

Verlegen greife ich nach einem aufblasbaren Weihnachtsmann und werfe ihn neben den Brenner in meinen Wagen.

Ich weiß, dass unser Haus recht trostlos aussieht, verglichen mit den anderen in unserem Viertel, die geschmückt sind mit weißen Lichterketten, Krippen und grasenden Rentieren aus Lichterschläuchen. Das Haus außen zu schmücken war immer Ricks Aufgabe gewesen, nicht meine. Ich werde dieses Aufblasdings nicht kaufen, aber ich will den Weihnachtsmann auch nicht zurück ins Regal legen, solange die Angestellte mir überallhin nachrennt. Während sie mich nun genau beobachtet, tue ich so, als ob ich handbemalten Weihnachtsschmuck, einen Baumständer, Blechdosen mit Schneeszenen drauf und Schokolade kaufen möchte.

Doch keines der Dinge begeistert mich.

Ich möchte gern die Weihnachtsbegeisterung spüren, die mich sonst immer zu dieser Jahreszeit erfasst hat. Ich habe früher immer noch vor Thanksgiving* mit den Weihnachtseinkäufen begonnen und hatte normalerweise lange bevor der Weihnachtsrummel begann, einen Fundus an Geschenken zusammen. Dann vergaß ich absichtlich, wie viel ich ausgegeben hatte, und kaufte noch mehr, nur um den Weihnachtsrummel zu erleben. Ich liebte die überfüllten Kaufhäuser, das Geschenkeverpacken, Plätzchenbacken und die Besuche zu Heiligabend – viele Verwandte kamen dann zu uns.

Das ist vorbei.

Zum ersten Mal seit fast zwanzig Jahren ist mein Mann nicht an meiner Seite, um unser finanzielles Loch auf dem Konto auszurechnen, aber diesmal bin ich auch nicht im Geringsten gewillt, groß Geld auszugeben.

Würde Rick darin nicht eine Ironie sehen?

Als die Verkäuferin in das Lied „Winter Wonderland" einstimmt, verlasse ich die Abteilung mit den Weihnachtsartikeln und gehe rüber zur Spielwarenabteilung. Den aufblasbaren Weihnachtsmann nehme ich mit.

Kauf das Fahrrad und dann raus hier, sage ich zu mir selbst.

In den Gängen mit den Regalen voller Spielzeug wuseln Mütter und Väter und Großeltern, die zwischen Barbiepuppen und

---

* Thanksgiving (englisch für „Danksagung") ist ein in den Vereinigten Staaten und Kanada gefeiertes Erntedankfest, das immer am vierten Donnerstag im November gefeiert wird. Die Form dieses Festes weicht allerding stark von der europäischen Tradition des Erntedankfestes ab.

Brettspielen hin und her schwirren. Ich halte bei den Videospielen inne, um zu sehen, ob es da irgendetwas Besonderes gibt.

Rick und ich hatten vor Jahren entschieden, dass wir keine Videospiele im Haus haben wollten. Wir wollten, dass unsere Kinder ihre Freizeit mit sinnvollen Dingen wie Lesen verbrachten. Dann war ich mit meiner Mutter und meinen Schwestern auf einem kleinen Weihnachts-Einkaufstrip nach Frankenmuth, Michigan, gefahren.

Ich war nur drei Tage weg, aber als ich zurückkam, besaßen wir ein Nintendo. Mit der Steuerung in der Hand saß Rick im Wohnzimmer, rotierte nach rechts, dann nach links. Er saß mal aufrecht, dann wieder in gebückter Haltung und machte unbewusst die Bewegungen von Super Mario auf dem TV-Bildschirm nach. Die Kinder saßen wie kleine Apostel um ihn herum und bewegten sich synchron mit ihm – wie bei einer Choreografie-Übung.

Sie hörten nicht, wie ich hereinkam.

„Es ist ein wissenschaftliches Experiment“, insistierte Rick, bevor ich ihm mit dem Mädchen-Ratgeber, den ich für Megan gekauft hatte, einen Klaps auf den Hinterkopf gab.

Heute, drei Jahre später, enthält unsere Videospiel-Sammlung auch einen Nintendo-Gameboy, eine Handheld-Konsole und diverse Computerspiele, die die Kinder zusammen spielen. Seit dem Tod seines Vaters ist Nick völlig fasziniert von dieser Realitätsflucht. Die Spiele ziehen ihn in virtuelle Welten, in der erschlagene und blutig zu Tode gekommene Avatare mit jedem neuen Spiel zurück ins Leben springen. Ich möchte diese Sache nicht noch weiter anfeuern, aber ich verstehe, warum ihm die Spiele helfen, mit allem besser fertig zu werden.

Ich wage mich vorsichtig in den Gang mit den Videospielen, wo ich auf den alten Typen treffe, der meinen Parkplatz weggeschnappt hat, und der mit der Mutter und ihrem Kleinkind in einen Streit über ein Spiel verwickelt ist.

„Ich habe es zuerst gesehen", ruft der alte Mann.

„Ich bin nur weggegangen, um jemanden zu holen, der die Vitrine aufschließt", faucht die Mutter zurück. „Sie holen jetzt eine Verkäuferin für mich."

Ich sollte jetzt einfach weitergehen, aber ich tue es nicht.

„Lassen Sie ihr das Spiel, Sie alter Grießgram", sage ich.

Die beiden drehen sich um und blicken mich an. Das Gesicht des Alten glüht in weihnachtlichem Rot, und die Mutter steht mit geballten Fäusten da, bereit, es mit ihm aufzunehmen.

Eine andere Stimme drängt sich dazwischen. „Sie schon wieder!"

Ich muss mich nicht umdrehen, um die dazugehörige Person zu sehen. Es ist die Verkäuferin von eben. Statt die Streithähne auseinanderzubringen, kommt sie auf mich zu. „Ich dachte, Sie suchen nach Büchern."

„Ähm … eigentlich nach einem Fahrrad."

„Drei Gänge runter, links. Wie wär's, wenn Sie dort nachsehen gehen?"

Ich setze mein bestes fieses Gesicht auf, als ich in Richtung des Alten blicke, und verlasse den Gang mit einer letzten drohenden Bemerkung. „Geben Sie das Spiel dem Mädchen!"

Meine Beine zittern, als ich die Fahrradausstellung erreiche. Hier sind weniger Menschen. Fahrräder verkaufen sich im Winter nicht so gut. Ich bin dankbar für die Ruhe, aber sie hält nicht lange an.

„Kann ich Ihnen helfen?“, fragt ein junger Lagergehilfe, während ich mir die Zehngang-Fahrräder ansehe.

„Ja“, sage ich und zeige auf ein gelbes und ein traditionelles blaues Fahrrad. „Ich kann mich nicht für die Farbe entscheiden.“

Ich möchte das Fahrrad kaufen, ich möchte es wirklich kaufen, aber bevor ich mich für eins entscheide, singt Bing Crosby schmachtend die Anfangszeilen von „I'll be home for Christmas“ – und in meinem Kopf sind alle Gedanken wie ausgelöscht, außer dem einen: dass Rick eben nicht mit mir an Weihnachten zusammen sein wird, um das Fahrrad an Heiligabend aufzubauen. Als der Lagergehilfe sich räuspert, um wieder meine Aufmerksamkeit zu bekommen, schrecke ich auf.

„Ich hab genug von all der blöden Weihnachtsmusik!“, beschwere ich mich bei dem jungen Mann, der nicht viel älter als mein Ben ist. Als mir die Worte rausgerutscht sind, schäme ich mich, aber es ist zu spät, sie zurückzunehmen.

„Ganz Ihrer Meinung, Weihnachten nervt“, sagt er milde und geht wieder den Gang zurück. Ein Paar, das die gleichen Weihnachtspullover trägt, starrt mich an.

„Ich hab nur einen Scherz gemacht“, murmele ich ihnen zu und suche das Weite.

Ich lasse meinen Wagen mit dem aufblasbaren Weihnachtsmann, dem Geschenkpapier, dem Klebeband und dem Brenner zurück und suche etwas privaten Schutzraum auf den öffentlichen Toiletten. Hinter den stumpfen Metallwänden der Sanitärzelle, in der die Toilettenspülung und summenden Handtrockner die Musik draußen übertönen, fühle ich mich sicher. Aber sie bringen nicht die Erinnerungen in meinem Kopf zum Schweigen. Ich lehne mich gegen die Tür, schließe meine Augen und wünsche mir, dass die Anschuldigungen aufhören.

Wenn ich zurückblicke, weiß ich, dass Ricks Körper versucht hat, mich zu warnen. Damit, dass Rick seinen Gürtel um zwei Löcher enger schnallen konnte; und mit der Tatsache, dass sich seine Gesichtsfarbe von oliv- zu aschfarben veränderte. Und dann waren da seine Hände, besonders seine Hände. Hände, die meine hielten, seit ich achtzehn war. Diese Hände versuchten mir zu sagen, dass etwas mit ihrer dünnen, hängenden Haut nicht stimmte. Ich wollte es nur nicht wahrhaben.

Ein Kardiologe hatte verschiedene Medikamente und Mittel ausprobiert, um Ricks schnellen Herzschlag in einen normalen Rhythmus zu zwingen. An einem späten Septembermorgen hatte ein Herzspezialist sogar Ricks Herz gestoppt in der Hoffnung, es würde wieder von selbst in normalem Tempo zu schlagen beginnen. Rick benötigte eine Operation, damit eine undichte Herzklappe ersetzt werden konnte – ein Geburtsfehler, der im Alter von 45 Jahren nicht länger nur „unter Beobachtung" bleiben konnte. Wir hätten den OP-Termin gleich ausmachen können, aber Rick wollte die Sache noch etwas aufschieben.

„Kann ich noch ein paar Wochen warten?“, fragte er den Arzt. „Ich will es so legen, dass meine Genesungsphase dann genau in den Weihnachtsferien der Kinder liegt.“

Ich presse meinen Daumennagel in meine Handfläche, bis sie blutet. Der Schmerz bewirkt, dass ich mich besser fühle und verlangsamt meinen rasenden Herzschlag. Ich kann mit dieser Art Schmerz umgehen. Ich tupfe das Blut mit einem Stück Toilettenpapier ab und denke, wie ich ausrasten würde, wenn eines meiner Kinder das getan hätte.

„Mama, ich muss aufs Klo“, jammert ein helles Stimmchen vor meiner WC-Tür. „Ich muss *jetzt.*“

Ein Rothaarschopf lugt unter meiner Tür durch.

Was mache ich hier?

Ich brauche eine Weile, bis ich die Nerven habe, die Tür zu öffnen. Ich verlasse die Toiletten unmittelbar nach dem Mädchen mit den rötlichen Haaren und ihrer Mutter. Ein großer Mann mit karottenfarbenem Haar nimmt das Mädchen in seine Arme und mein Herz schmerzt.

„Bereit, den Weihnachtsmann zu treffen?“, fragt er.

Ich gehe mit gesenktem Kopf an der Familie vorbei und hoffe, dass das Kind seinem Vater nicht von mir erzählt. Während die Familie sich für ein Foto mit dem Weihnachtsmann in eine Schlange stellt, gehe ich zurück zum Gang mit den Fahrrädern, um meinen Einkaufswagen zu holen. Doch meine Stalker-Verkäuferin ist mir zuvorgekommen. Sie hält den aufblasbaren Santa Claus in einer Hand und spricht mit dem jungen Lagergehilfen.

„Irgendetwas war merkwürdig an dieser Frau", höre ich sie sagen.

„Auf jeden Fall. Wer mag schon keine Weihnachtsmusik?", antwortet der.

Ich stehle mich davon. Das Einkaufsgedränge multipliziert sich, als ich in Richtung Ausgang laufe, und es ist schwer, sich durch überfüllte Abteilungen zu manövrieren, auch wenn man keinen Einkaufswagen hat. Die Menschen greifen nach den Waren, als ob ihr Leben davon abhinge, Geschenke zu kaufen.

„Wie wär es mit einem Schal für Onkel George, oder vielleicht mit einem Paar Hausschuhe?"

„Oma braucht einen neuen Morgenrock."

Ihr Enthusiasmus macht mich fertig.

Auf meinem Weg zum Ausgang erblicke ich den alten Mann, die Mutter und ihr Kleinkind in einer Kassenschlange. Sie scheinen sich versöhnt zu haben, reden miteinander und lachen. Beide halten ein Exemplar des Videospiels in der Hand. Ihre lächelnden Gesichter machen mich irgendwie noch ärgerlicher.

Als ich wieder im Auto bin, fahre ich zum nächsten Drive-in-Restaurant, bestelle zwei Eisbecher mit einer extra Portion Schlagsahne, fahre auf einen Parkplatz und verschlinge sie beide – im Dunkeln. Das Essen tröstet mich. Es ist etwas, das ich kontrollieren kann. Ich fahre wieder zum Bestellschalter und bestelle zwei Doppeldecker-Cheeseburger mit extra Gewürzgurken. Als ich den letzten Bissen meines Fastfood-Festmahls verspeise, bin ich bereits spät dran, um meine Kinder rechtzeitig abzuholen. Ich breche mit einem leeren Kofferraum, der mit Geschenken hätte gefüllt sein sollen, zu meiner Schwägerin auf. Als ich in Toms und Charlottes Auffahrt einbiege, befinden sich das Eis und die Burger in meinem Magen in einem Ringkampf – ausgelöst durch mein plötzliches Bewusstsein, versagt zu haben. Ich fürchte mich, vor Charlotte zu treten.

Sie tritt mit hoffnungsvollem Blick an die Tür.

„Hast du ein Fahrrad gekauft?"

Ich möchte sie nicht belügen, aber ich möchte ihr auch nicht die Wahrheit sagen.

„Sie hatten nicht die richtige Farbe ... ich werde noch in andere Läden gehen."

Der Ausdruck auf Charlottes Gesicht zeigt mir, dass sie mir meine Entschuldigung nicht abkauft, aber sie fragt nicht weiter nach, als wir die Küche betreten. Nick und Megan sitzen an ihrem Tisch und verschlingen selbst gemachten Pfirsichauflauf mit Bergen von Vanilleeiskugeln.

„Hallo, ihr beiden, habt ihr eure Hausaufgaben gemacht?"

„Mama, du musst das hier probieren", antwortet Nick mit vollem Mund, und ich weiß, dass er nicht einmal sein Buch geöffnet hat.

„Ich hab meine zweimal gemacht", sagt Megan, und ich habe keinen Zweifel daran.

Während die Kinder sich für die Heimfahrt bereitmachen, nimmt Charlotte mich zur Seite.

„Wie wär's mit morgen? Sollen wir es noch einmal versuchen?"

Sie gibt nicht auf.

„Ich könnte für dich einkaufen. Sag mir einfach, was ich kaufen soll, ja?"

Der Tonfall ihrer Stimme lässt mich innehalten. Sie liebt meine Kinder so sehr, und will offensichtlich so sehr, dass sie ein schönes Weihnachtsfest haben.

„Mal sehen", brummele ich und schäme mich dann für die Freude, die ihr meine Antwort gibt. Ich schätze es, dass sie versucht zu helfen, aber ich weiß nicht, ob ich ein weiteres Einkaufsdesaster ertrage. Vielleicht ist *sie* ja der heimliche wahre Freund, der gestern die Pflanze auf der Terrasse hinterließ?

„Ich werde Lasagne zum Abendessen machen, und wir werden Weihnachtsplätzchen backen, während du einkaufen gehst. Megan wird begeistert sein."

„Mal sehen", sage ich noch einmal, aber mit einer Festigkeit in der Stimme, die das Ende der Unterhaltung signalisiert, und jegliche Möglichkeit nimmt, das Ganze morgen zu wiederholen.

„Denk einfach noch mal drüber nach", sagt Charlotte, aber wir wissen beide, dass ich es nicht tun werde.

Es ist nach zweiundzwanzig Uhr, als wir in die Garage unseres Hauses fahren. Das Haus ist dunkel, und ich habe keine Ahnung, wo Ben ist. Wie immer. Nick und Meg holen die Schulrucksäcke und ihre Sporttaschen aus dem Auto. Ich schicke sie durch die Vordertür ins Haus, sodass ich die Überreste meiner Fressattacke in den Müll bringen kann. „Ich komme gleich nach", rufe ich ihnen hinterher.

„Du willst Weihnachtsgeschenke verstecken, nicht wahr?", fragt Megan. „Hast du was für mich gekauft?"

Ihre unschuldige Frage löst in mir ein Gefühl des Bedauerns aus, und ich würge an meiner Antwort, während ich mich so fühle, als ob Rick und der Weihnachtsmann ihre Hände um meinen Hals gelegt hätten.

„Ab ins Haus. Ihr werdet es bald herausfinden."

Megan hüpft zur Vordertür und wird fast umgerannt, als Nick in die Garage zurückgestürmt kommt.

„Wir haben ein weiteres Geschenk bekommen!", ruft er und hält zwei Päckchen mit Weihnachtsschleifen hoch.

Die selbst gemachte Karte, die den zweiten Weihnachtstag ankündigt, verrät nichts von ihrem Absender.

Am zweiten Weihnachtstag
schenken euch eure wahren Freunde
zwei Tüten Schleifen
und einen Weihnachtsstern.
Euch allen.

„Ich bin gespannt, was wir morgen bekommen", sagt Nick mit der kindlichen Zuversicht, dass noch mehr Geschenke folgen werden. „Ich hoffe, wir bekommen die fünf goldenen Ringe, wie in dem Lied."

Megan reagiert mit überschwänglicher Freude, die in keinem Verhältnis zu den Schleifen steht; sie sind zwar sehr schön, aber eben gewöhnliche Schleifen.

„Mama, du kannst sie auf unsere Weihnachtsgeschenke kleben."

Die Eiscreme erstarrt in meinem Magen.

„Wir bekommen wahrscheinlich irgendwann eine Rechnung", antworte ich und schubse die Kinder ins Haus. Ich überlege, ob ich meiner Kollegin Joann heute meine Abendpläne mitgeteilt hatte, und ob sie wusste, dass für einige Stunden niemand zu Hause sein würde, sodass sie das Geschenk vorbeibringen konnte.

Die Aufregung über das zweite Geschenk und das Zuckerhoch vom Auflauf und dem Vanilleeis hält die Kinder auch lange nach der Zubettgehzeit noch wach. Nick hat sich unter eine Decke verkrochen und spielt noch ein Videospiel, während Megan sich in ihrem Bett wie eine Katze zusammengerollt hat und mir Fragen über ihren Vater stellt.

„Ich vermisse ihn" ist ihr üblicher Spruch geworden, der das „Gute Nacht" ersetzt hat.

Nachdem wir noch eine Weile geplaudert haben, schalte ich ihre Nachttischlampe aus und gehe runter, um auf dem Sofa mein Bett herzurichten. Wenig später höre ich oben den Holzboden knarren. Es ist Megan, die auf Zehenspitzen runterkommt, um sich die Schleifen anzusehen.

„Was meinst du, wer die Geschenke dalässt?", fragt sie. „Werden sie morgen auch ein Geschenk hinlegen? Nick ist sich so sicher."

Ich bin nicht in der Lage zu antworten und zucke nur mit den Schultern.

Sie kuschelt sich neben mich auf die Couch und malt mit dem Finger mehrere Herzchen auf mein Nachthemd. „Lassen sie die Geschenke da wegen Papa, weil wir an Weihnachten allein sind?"

„Manchmal wissen auch die Erwachsenen nicht auf alles eine Antwort, Meg, und ich weiß die Antwort darauf nicht. Aber ich weiß, dass du morgen in Mathe furchtbar gähnen wirst, wenn du jetzt nicht ins Bett gehst."

„Ich gähne *immer* in Mathe", antwortet sie, ohne beleidigt zu sein. „Außerdem sagt mein Mathelehrer, die Aufgabe eines Kindes ist es, Fragen zu stellen. Ich mache nur meinen Job."

„Und mein Job ist es, sicherzustellen, dass du genug schläfst. Jetzt ab." Ich gebe ihr einen Kuss und Megan trottet zögernd nach oben in ihr Zimmer. Danach horche ich noch ein paar Minuten, ob ich sie noch einmal auf dem Treppenabsatz höre, aber das Haus scheint endlich in Stille getaucht.

Das Licht am On-Schalter des Computers ist das einzige Lebenszeichen im Wohnzimmer. Die Reflexion der Wohnzimmerbeleuchtung auf dem Schleifenpaket wirft einen regenbogenartigen Schatten an die Wand. Ich überlege, ob das ein Zeichen ist. Ich wickle eine Steppdecke um mich und setze mich an den Computer. Ich will versuchen, ein paar Weihnachtsgeschenke online zu kaufen, aber mein Unterfangen endet genauso wie der Einkauf heute. Ich bin nicht in der Stimmung für Fröhlichkeit. Ich drücke die Escape-Taste und öffne eine leere Seite im Schreibprogramm.

„Mach eine Einkaufsliste!“, befehle ich mir selbst. Der Cursor blinkt, zwanzig Mal, sechzig Mal, hundert Mal. Ich öffne noch einmal den Internet-Browser und tippe ein:

„Bist du da, Rick?“

Mein Zeigefinger bewegt sich zur Enter-Taste, und ich denke darüber nach, wie peinlich es wäre, wenn Ben genau jetzt zur Tür hereinkäme. Ich drücke trotzdem auf die Taste.

Ein Werbebanner blinkt auf dem Monitor auf. „Sie können alles auf eBay finden.“ Frustriert werfe ich die Tüten mit den Schleifen in den Mülleimer. Der Gedanke an Megans hoffnungsvolles Lächeln versetzt mir einen Schlag in die Magengrube, aber ich sinke ins Bett, bevor ich die Sache rückgängig machen kann.

3

Der dritte Weihnachtstag

Die Weihnachtsschleifen tauchen am nächsten Morgen auf Megans Nachttisch wieder auf.

Als meine Tochter ihr Müsli aufgegessen hat, lasse ich meine Finger durch ihr Haar gleiten und entwirre die Knoten, ein morgendliches Ritual, das wir beide genießen. Sie schließt ihre Augen, lehnt sich auf ihrem Stuhl zurück und lässt ihre Haare hinter die Lehne gleiten.

„Schläfrig?", frage ich.

„Ich denke nur nach", antwortet sie.

Ben kommt dazu. Ich weiß, dass ich ihm kein weiteres zu spätes Nachhausekommen durchgehen lassen kann. Ich plane, ihn damit zu konfrontieren, während er seine Haferflocken in der Mikrowelle warm macht.

„Ich bin erst nach Mitternacht eingeschlafen. Wann bist du nach Hause gekommen?", frage ich.

„Weit vorher", sagt er. „Du warst im Badezimmer, und ich bin geradewegs ins Bett gegangen."

Ich will es ihm glauben.

Megan rollt mit den Augen, sagt aber nichts weiter zu ihrem Bruder.

Ben hat nur ein lautes „Was ist?“ für seine Schwester übrig.

„Nichts, gar nichts“, antwortet sie.

Nick kommt dazu und spielt mit seinem Gameboy. Er isst trockenes Müsli direkt aus der Packung, damit er ja keine Spielminute verpasst. Die Anspannung am Tisch nimmt er nicht wahr, aber es gelingt ihm, sie zu entschärfen.

„Wir haben noch ein zweites Geschenk gestern Abend bekommen“, sagt er zu seinem Bruder. „Zwei Tüten mit Weihnachtsschleifen.“

„Wo sind sie? Habt ihr gesehen, wer sie vorbeigebracht hat?“, fragt Ben.

Megan wirft mir einen enttäuschten Blick zu. „Die Weihnachtsschleifen sind in meinem Zimmer“, sagt sie. „Mama will sie nicht.“

Die Jungen fragen beinahe gleichzeitig: „Warum nicht?“

Ich verlasse das Zimmer, um die Antwort zu umgehen, und hole meine Handtasche.

Megan antwortet laut genug, dass ich es hören kann. „Sie kriegt eine Erkältung.“

„Noch eine?“, fragt Nick.

Ich ziehe einen Geldschein aus meinem Portemonnaie und reiche ihn Ben, was die Unterhaltung vom Geschenk zum Abendessen führt. Ich habe dienstlich noch ein spätes Meeting und werde nicht rechtzeitig da sein, um das Abendessen vorzubereiten. Die Ehre fällt Ben zu.

„Kannst du nach der Schule zum Supermarkt gehen? Wir brauchen Milch und Butter." Ich warte darauf, dass Ben sich aufregt, aber er steckt kommentarlos das Geld ein.

„Ich kann auch nach der Schule einkaufen gehen", bietet Megan an.

Da der Supermarkt jedoch fast zwei Kilometer entfernt ist, bestehe ich darauf, dass Ben geht, und schlage ihm vor, Meg einfach mitzunehmen.

Der Blick auf Bens Gesicht drückt nicht gerade Zustimmung aus. Mein Mutteralarmsystem blinkt, als Megan zurück in ihren Stuhl rutscht und wieder ihre Augen schließt. Aber ich schiebe ihre Reaktion auf ihr spätes Zubettgehen und meinen Schleifen-Wegwurf.

Ich weiß, was los ist. Statt auf ihre Freude einzugehen, ersticke ich sie im Keim. Ich will es wiedergutmachen – vielleicht kann ich mit ihr am Wochenende ins Kino gehen.

„Wie wär's, wenn wir …" Ich unterbreche mich. Als Bens Schulbus draußen vor dem Haus auftaucht, springen alle schlagartig auf. Nicks und Megs Busse kommen meist direkt danach. Als Ben nach draußen geht, bitte ich ihn, am Abend etwas Zeit mit seiner Schwester zu verbringen.

„Sie ist zehn. Sie braucht keinen Babysitter mehr", mault er und rennt los.

Auch wenn sie noch nicht wieder so redselig ist wie sonst, umarmt mich Megan lange, bevor sie zur Haltestelle läuft. Die

Umarmung beruhigt mich, sodass ich mich nicht mehr ganz so schlecht fühle wegen der Schleifen.

Alle drei Kinder schaffen es zur Haltestelle, bevor der Bus ohne sie abfährt. Ich gratuliere mir mit einer Coca-Cola light und hoffe, dass das Koffein mich inspiriert, den Schmutzwäschehaufen im Waschraum mit Leichtigkeit anzugehen. Während ich benutzte Trocknertücher in den Müll werfe, merke ich, dass Megan heute Morgen nicht alle Schleifen gerettet hat. Die beiden mit den roten und weißen Streifen liegen immer noch am Boden des Eimers. Es sind die Schleifen, die sie für ihre eigenen Geschenke ausgesucht und mir gezeigt hatte. Mein Herz zieht sich zusammen, und ich weiß mit Sicherheit, dass ich die schlechteste Mutter der Welt bin.

Anstatt die Zeit bis Mittag zu Hause zu verbringen, um es wie geplant für Weihnachten auf Vordermann zu bringen, komme ich um kurz nach zehn im Büro an. Ich sage mir, dass ich jetzt hier sein muss. Ich arbeite schließlich an meiner Karriere, um eine Familie zu ernähren. Doch das ist nur die halbe Wahrheit. Ich verbringe mehr Zeit im Büro als zu Hause. Es ist schlicht einfacher.

***

Als ich abends nach Hause komme, ist es bereits halb sieben. Ich gehe durch die Tür und bedaure, dass ich so früh zur Arbeit gegangen bin. Die Extrastunden im Büro haben nur dazu geführt, dass ich einen zusätzlichen Artikel schreiben musste.

Ich bin müde. Ich fühle mich verletzt. Nick und Megan sitzen am Tisch, Schüsseln voller Makkaroni vor sich. Ben ist nicht da, aber das Auto steht in der Einfahrt, und es freut mich, das Essen auf dem Tisch zu sehen.

„Es riecht lecker", sage ich.

Die Kinder sehen sich gegenseitig an und erstarren. Ich höre kein „Hallo" oder „Wie war dein Tag?" Die Erleichterung, die ich verspürte, als ich durch die Tür kam, ist mit einem Schlag weg. Ich lasse meinen Mantel und meine Tasche auf den Stuhl fallen und setze mich zu Megan und Nick. Bei näherem Hinsehen entpuppt sich ihr Essen als dampfendes, undefinierbares Gebräu. Nicks Abendessen schwimmt in roter Chili-Sauce, Megans ist mit mehr Gurken garniert, als McDonalds an einem Tag verbraucht.

„Es ist gar nicht so schlimm", sagt Nick schwach.

„Wo ist dein Bruder?", frage ich.

„Keller", kommt es einsilbig zurück.

In der Küche finde ich die Ursache des undefinierbaren Gebräus. Eine leere Flasche Mayonnaise steht auf dem Tresen. Es gibt keine Butter und keine Milch im Kühlschrank. Ich stapfe davon, um mit meinem Ältesten zu reden.

Ich hatte Ben bei der Beerdigung seines Vaters versprochen, dass ich nicht zulassen würde, dass diese Tragödie ihn zu früh zum Erwachsenen machte. Ich glaube, das war das letzte Mal, dass er mir wirklich zuhörte. Ich versuche mit ihm zu sprechen, aber er ist so wütend – auf mich, auf seinen Vater, auf das Leben. Seine Wut entfacht meine, und dann explodieren wir beide und schleichen uns, erschöpft von dem Ausbruch, davon. Ich fürchte mich nicht vor meinem Sohn, sondern ich fürchte mich davor, was wir beide uns gegenseitig sagen, wenn die Wahrheit unseres Verlustes uns volle Breitseite trifft. Wenn ich ihn umarme, dann weicht er aus. Wenn ich leise auftrete, ignoriert er mich. Wenn ich schreie, schreit er zurück. Ich fürchte mich davor, dass der Blitz einschlägt. Zu überlegen, wann es passiert oder wo, lässt mich immer angespannt und nervös sein.

Ich kann die Kinder immer noch reden hören, und ihre Unterhaltung bestätigt, dass es ein Problem gibt.

„Ich mag es nicht", sagt Megan zu Nick.

„So schlecht ist es nicht", entgegnet er.

„Ich meine nicht nur das Essen. Alles. Wir haben früher am Tisch geredet, über die Schule, Sport und so. Ich vermisse Mamas Roastbeef-Sandwiches und Huhn und Nudeln."

„Und Tacos mit schwarzen Oliven", ergänzt Nick.

Familienmahlzeiten waren mal etwas Besonderes. Der Fernseher war aus. Das Telefon wurde ignoriert. Jeder von uns erzählte von seinem Tag. Heute besteht das Abendessen aus Sandwiches mit kaltem Fleisch, Salat, Hamburgern aus der Tüte und anscheinend auch Makkaroni mit Käse aus Mayo. Es kommt kaum eine Unterhaltung zustande, weil Rick nicht da ist, um sie anzukurbeln.

„Erzähl mir von deinem Tag, Prinzessin." Nick tut sein Bestes, um seinen Vater zu imitieren. „Wie wär's, wenn du mir etwas Makkaroni auf deine Gabel rollst?"

Da Rick italienische Vorfahren hatte, ließ er immer, wenn es Spaghetti gab, etwas von seiner *Fine Art* des Nudelessens raushängen. Megans Besteck schabt gegen die Schüssel, und ich versuche mir vorzustellen, wie meine Kinder versuchen, die Makkaroni mit Käse „aufzurollen", auch wenn die krummen Nudeln sich nicht zum Aufrollen eignen.

„In unserem Haus werden Spaghetti nicht geschnitten", sagt Nick tadelnd, ganz in Ricks Stil.

Megans Lachen lässt mich zusammenzucken und ich halte inne. Ich möchte zu ihnen gehen und in diesem Moment bei meinen Kindern sein. Ich möchte nach unten gehen und Ben mit dem vergessenen Einkauf konfrontieren, aber mein Körper ist wie aus Stein. Ich kann mich nicht bewegen. Ich lege mich einfach auf die Couch und höre zu.

„Ich erinnere mich gern daran, wie Papa die Spaghetti auf seine Gabel gedreht hat", sagt Megan sanft.

Ihr Kommentar lässt Nick verstummen. Die beiden schweigen den Rest der Mahlzeit. Als sie fertig sind, springt Nick auf. „Du bist dran mit Abtrocknen", sagt er, bevor ich seine Fußtritte auf der Treppe höre.

„Warum bin ich immer dran?", ruft ihm seine Schwester nach.

Einige Minuten später kniet Megan auf dem Fußboden vor dem Sofa und öffnet mein rechtes Augenlid. Sie hält den Weihnachtsstern in der rechten Hand.

„Schläfst du?"

„Nicht mehr."

„Unsere Blume ist krank."

„Sie braucht nur Wasser“, sage ich. „Hol einen Messbecher vom Regal. Gib ihr einen Viertelliter Wasser.“

Als Megan zurück in die Küche geht, spricht sie mit der Pflanze: „Du wirst bald wieder in Form kommen“, sagt sie und ergänzt sanft: „Bitte leb weiter, kleine Blume.“

Nach dem Aufräumen der Küche und den Hausaufgaben kommt Megan zu mir ins Wohnzimmer und setzt sich in den Sitzsack, um fernzusehen. Ich halte meine Augen geschlossen und gebe vor zu schlafen. Ich möchte heute Abend keine weiteren Weihnachtsfragen beantworten, aber mein kleines Plappermaul legt schon los.

„Arbeitest du morgen wieder bis spät?“, fragt sie.

„Hmmm.“ Mein Brummen klingt mehr wie ein Schnauben, und ich bin sicher, Megan fühlt sich wie in der Geschichte mit den drei kleinen Schweinchen, als diese dem großen bösen Wolf gegenüberstehen.

„Es tut mir leid, Mama, ich werde still sein.“

Ruhe, danach sehne ich mich, aber ich kann den verletzten Ausdruck auf ihrem Gesicht nicht ignorieren. „Was gibt es denn?“

„Ich fragte nur … wegen des Weihnachtsbaums …“ Sie sieht mich an.

Damit hatte ich gerechnet und eine Antwort auch schon parat. „Hast du mit deinem Zimmer schon Fortschritte gemacht?“

Wirbelwind Megan hatte diese Woche mit Starkwindkraft geblasen, und Schulkleidung, Sportausstattung, Süßigkeiten-Verpackungen und Wasserflaschen in jedem Winkel ihres Zimmers verstreut – nur nicht da, wo sie hingehörten.

Ich habe ihr unordentliches Zimmer und den aus den Fugen geratenen Zustand des Hauses als Entschuldigung für alle möglichen Dinge vorgeschoben, zuletzt eben für den Kauf eines Weihnachtsbaums.

„Wenn ich nur meine blöden Brüder dazu bringen könnte, mir zu helfen“, sagt sie.

„Kannst du sie nicht dazu bringen?“

„Ich hab sie schon gefragt.“ Die Unterhaltung verstummt und Megan zappt hin und her, schaut sich die Nachrichten statt der Weihnachtsshows oder Zeichentrickfilme an, die sie eigentlich lieber sieht. Als ihre unruhigen Bewegungen schließlich nachlassen, blicke ich zu ihr rüber. Das lange Aufbleiben und frühe Aufstehen haben Megan eingeholt. Ihre Brust hebt und senkt sich langsam, im Rhythmus ihres schläfrigen Atems. Ich rolle mich auf dem Sofa zusammen und will ebenfalls schlafen.

Da höre ich plötzlich aus der Küche den Knall von zerspringendem Glas, und ich bin ziemlich sicher, das Mayonnaise-Glas liegt nun in Scherben auf dem Grund des Mülleimers. Ben vernichtet den Beweis.

Ich muss mit ihm reden.

Als er einige Minuten später ins Wohnzimmer kommt, sagt keiner von uns ein Wort. Wir sind Duellierende, die zwanzig Schritte weit auseinanderstehen. Wir ziehen unsere Waffen nicht, weil Megan schläft, aber Ben weiß, dass ich weiß, dass er nicht zum Supermarkt gefahren ist.

Megans sanftes Schnarchen lenkt ab. Unser Showdown wird kommen, aber nicht heute Abend.

„Ich kann keine Zeit mit ihr verbringen, wenn sie schläft", sagt Ben und deckt seine kleine Schwester behutsam mit der Decke zu.

Der Akt dieser Zärtlichkeit kann die Dreistigkeit seiner Worte nicht übertünchen. Ben macht das Licht aus und auf meine Bitte hin auch den Fernseher. Aber die Tür knallt hinter ihm zu, als er in seinem Zimmer verschwunden ist, und Megan schreckt bei dem Geräusch aus dem Schlaf hoch. Sie ist verwirrt. „Papa?", ruft sie.

Megan hat frühmorgens, noch im Schlaf, oft seinen Namen geflüstert. Ihr Zimmer war immer die letzte Station, bevor Rick zur Arbeit ging. Da Megan dazu neigt, nachts die Bettdecke wegzustrampeln, verließ Rick nie das Haus, ohne seine Prinzessin wieder gut zuzudecken. Obwohl er es sanft und vorsichtig tat, war Megan davon manchmal wach geworden. Sie eilte dann zum Fenster, um ihm zum Abschied zu winken. Natürlich folgte dem Winken ein Abstecher in mein Bett und damit ein frühes Wecken ihrer Mama. Als ich Rick darum bat, am Morgen leiser zu sein, weigerte er sich. „Sie dort am Fenster winken zu sehen, macht mir klar, warum ich jeden Morgen zur Arbeit fahre."

Megan setzt sich auf, und an ihrem Gesichtsausdruck kann ich sehen, dass die Realität zurückgekehrt ist. Daddys Landrover fährt nicht die Auffahrt raus.

In meinem Kopf ruft es: „Mama ist hier, ich liebe dich", aber die Worte ändern sich, als sie über meine Lippen kommen. „Hey, meine Schlafmütze", sage ich und bin verblüfft über meine folgenden Worte: „Wie wär's, wenn du ein wenig dein Zimmer aufräumst?"

Megan starrt mich für einen Moment an und rast dann nach oben.

Der Raum um mich herum rückt näher an mich heran. Familienfotos, meine Großmutter, meine Mutter, all die Matriarchen der Familie – starren von den Wänden auf mich herab.

Ein Wohnzimmer ist kein Zimmer, um darin allein zu sein. Nach einigen Minuten folge ich Megan nach oben.

Sie sitzt mit ihrem Rücken zur offenen Tür und ist umgeben von Bastelpapierblättern. Auf einem Blatt sehe ich Bens Name gedruckt. In eine Ecke sind Verzierungen geklebt, die von einem CD-Cover stammen. Ein selbst gezeichneter Engel fliegt über das Blatt, das meinen Namen trägt. Nicks Blatt enthält eine Nintendo-Werbeanzeige aus der Zeitung. Jedes der Blätter ist mit einer Schleife geschmückt.

Weihnachtsgeschenke.

Megan sammelt ihre Kunstwerke ein und versteckt sie hinter ihrem Bett, bevor sie ihre Stofftiersammlung aufräumt.

„Ich wollte sie nur umarmen", vertraut Megan einem Plüschhündchen an, bevor sie ihn an sich drückt. „Nur weil ich ein Kind bin, heißt das nicht, dass ich nichts verstehe." Sie spricht diesmal mit dem Foto ihres Vaters, das im Regal steht. „Wie kann ich helfen, wenn Mama nicht mit mir reden möchte?"

Eine Lehrerin hatte Megan gesagt, dass die Familie wieder heil werden würde, dass wir uns alle bald wieder besser fühlen würden, „dass es nur Zeit bräuchte". Der Gedanke scheint

Megan zu trösten, aber ich weiß nicht, ob ich daran glauben kann. Die Stimmung im Haus wird schlechter, als die Ferien nahen.

Ich lehne mich gegen die Wand im Flur; ich schäme mich zu lauschen, aber ich gehe nicht weg.

„Es sind die Geschenke. Ich weiß, niemand will sie", flüstert Megan. „Ich bin die Einzige, die Weihnachten will."

Als ich höre, wie sie ein Fenster öffnet, denke ich, jetzt ist es Zeit einzugreifen, doch dann vernehme ich, wie sie zu unseren wahren Freunden spricht.

„Danke, aber bitte hört auf", sagt sie, und ich kann mir bildhaft vorstellen, wie sie sich aus dem Fenster lehnt und in die Dunkelheit blickt. „Ihr macht Mama traurig."

Ich schleiche den Flur zurück und versuche zu verhindern, dass die Dielen knarren.

***

Zwanzig Minuten später finde ich sie immer noch am Fenster stehen, mit Sweatshirt und Handschuhen, und den vorbeifahrenden Autos lauschen. Ich sage ihr, sie solle das Fenster schließen, aber sie bittet, es noch eine Weile auflassen zu dürfen.

„Ich bin den Geschenkebringern auf der Spur", erklärt sie. „Ich werde sie heute Nacht erwischen."

Die Heizung röhrt, und ich stelle mir vor, wie der Stromzähler an der Hausrückseite Dollarzeichen anzeigt. Aber ich habe zu meiner Tochter zu oft Nein gesagt in diesen letzten Tagen.

„Noch zehn Minuten, dann mach das Fenster zu. Und du kannst dein Zimmer aufräumen, während du lauschst."

Megan sammelt einen Armvoll dreckiger Klamotten zusammen und bringt ihn in den Wäscheraum. Dann geht sie nach unten in Bens Refugium, vielleicht, um ihn dazu zu animieren, auch sein Zimmer aufzuräumen. Als sie seine Zimmertür öffnet, höre ich, wie die aufgedrehte Stereo-Anlage dröhnt.

Megan verrät mir nicht, was er ihr gesagt hat, aber sie kommt kurz danach zurück nach oben. Außerhalb von Bens Hörweite höre ich, wie sie ihren Bruder leise „Träumer" nennt. Ich lächele.

Nick zumindest hört ihr zu und ist bereit, sein Zimmer aufzuräumen. Aber er macht es nur mit einer Hand, weil seine andere Hand und seine Aufmerksamkeit sich auf ein Videospiel konzentrieren.

„So wirst du es nie hinbekommen", beschwert Megan sich. „Möchtest du keinen Weihnachtsbaum?"

Nick antwortet nicht sofort. Er überlegt. „Ich bin nicht sicher, ob wir einen Baum holen sollen", sagt er langsam. „Ich will kein Weihnachten, ich will …"

Er beendet seinen Satz nicht, denn Megan ist mit einem verzweifelten Seufzen zurück in ihr Zimmer gegangen.

Doch sie bleibt nicht lange niedergeschlagen. Innerhalb von Minuten wirft sie Wäsche in den Flur und imitiert ein Basketballspiel. Ein Paar Jeans fliegen durch den imaginären Korb, dann Sportshorts und Basketballsocken.

Megans Zimmer beginnt langsam besser auszusehen, obwohl ich sehe, dass sie eine Auswahl an kaputten Spielsachen unter ihr Bett schiebt. Ich will ihr gerade vorschlagen, dass wir den Rest zusammen durchgehen können, als ein Auto mit lauter Radiomusik heranfährt.

„Das sind sie bestimmt!“ Megan rennt aus ihrem Zimmer, hüpft die Treppe hinunter und öffnet die Haustür. Das Lied und das Motorengeräusch verhallen am Ende der Straße.

Es liegt kein Geschenk auf der Veranda.

„Och Mann“, sagt sie, aber sie singt, als sie die Tür schließt. Als sie merkt, dass ich sie höre, verstummt sie. Ich schalte das Radio immer dann aus, wenn ein Weihnachtslied erklingt, auch wenn ich weiß, dass Megan die Melodien liebt. Jetzt bringe ich ihr offenbar bei, auch Weihnachten auszuschalten.

Beschämt über mein schlechtes Vorbild zwinge ich mich, den Hintern hochzukriegen. Ich bin vielleicht gerade nicht in der Lage, mit meiner Tochter zu singen, aber ich kann zumindest einen Wischlappen über den Boden ziehen.

Megan ist voller Freude über meine Aktivität.

„Weihnachtsputz!“, sagt sie vergnügt. „Cool, Mama.“

Sie rennt nach oben und lässt mich optimistisch auf den Erfolg ihrer Aufräumversuche blicken. Als ich später wieder in ihr Zimmer komme, hockt sie auf einem Haufen Kissen unter dem Fenster und bewundert die Weihnachtslichter am Haus gegenüber. Die Illumination erinnert uns beide an den riesigen Weihnachtsbaum aus Lichterketten, den Rick vor einigen Jahren konstruierte.

„Er hat die ganze Hausseite eingenommen“, erinnert sich Megan. „Ich habe Papa geholfen, die Pläne dafür zu zeichnen.“

An einem sonnigen Januarnachmittag hatte sie die Leiter gehalten, als ihr Vater hochkletterte, um die dreizehn Lichterketten wieder herunterzuholen. Als die beiden zwei Stunden später mit roten Nasen wieder reinkamen, machte ich ihnen heißen Kakao. Sie planten bereits die Lichterfigur für das Folgejahr.

„Ich glaube, wir haben damals Chocolate-Chips-Kekse in unseren Kakao getunkt", sagt Megan.

Megans Magen knurrt, und ich frage sie, ob sie noch was essen will. Sie verpetzt ihren Bruder nicht, und ich bewundere ihre Loyalität, aber mir wird klar, dass ich besser auf Ben achten muss und ihm weniger Verantwortung für seine Geschwister übertrage.

„Du hast nicht viel gegessen?", frage ich.

Megan zuckt mit den Schultern.

„Möchtest du einen Snack?"

„Oh ja!", antwortet sie und schaut mich erwartungsvoll an.

Megan und ich gehen in die Küche, und ich suche im Vorratsschrank, im Kühlschrank und in der Tiefkühltruhe nach etwas Gesundem. Meine Funde beschränken sich auf eine Tüte überlagerter Kartoffelchips, eine braune Banane und Schokoeis, das mit einer weißen Eiskristallschicht überzogen ist. Ich muss zum Supermarkt fahren, allerdings es ist schon weit nach zwanzig Uhr. „Wer möchte einen Hamburger?", rufe ich laut genug, dass es alle meine Kinder hören können.

Nicks Zimmertür fliegt auf.

Megan ruft „Juhuu!"

Ben kommt schneller nach oben, als das in den ganzen letzten Monaten geschehen ist. „Eine Packung *Mac and Cheese* reicht nicht für alle", sagt er mild, aber die Kinder sind so aufgekratzt bei dem Gedanken an ein spätes Abendessen, dass ich seine Laune nicht ruinieren möchte, indem ich ihn beschuldige, seine jüngeren Geschwister zu vernachlässigen.

Als ich zum Auto gehe, ruft Megan mir etwas von der Tür aus zu.

„Vergiss nicht meine Schulparty", brüllt sie.

Ich halte als Erstes an der Tankstelle. Dort kaufe ich für Megans Lehrerin die bestaussehende billige Pralinenschachtel, die ich im Regal finden kann. Ich muss auch noch Geschenkpapier auftreiben, denke ich, aber zumindest haben wir ja schon Schleifen, dank der anonymen Geschenkebringer.

Ich greife nach einer Tüte Hamburger und Pommes für meine Familie und mache mich auf den Rückweg. Als ich in die Auffahrt fahre, bin ich fast stolz auf mich als Alleinerziehende. Meine Kinder werden ein halbwegs anständiges Abendessen bekommen, und ich habe daran gedacht, ein Weihnachtsgeschenk für Megans Lehrerin zu kaufen.

„Du schaffst es, alleinerziehend zu sein", sage ich zu mir selbst, und in diesem Moment glaube ich es auch fast.

***

Just in den zwanzig Minuten, in denen ich das Essen holen war, ist das dritte Geschenk gekommen. Megan, die Ausschau nach mir gehalten hatte, sah das Auto.

„Zuerst dachte ich, es könnte ein Nachbar sein oder einer von Bens Freunden", erzählt sie aufgeregt, als wir die Cheeseburger verschlingen. „Ich hab mich hingehockt und über den Fenstersims geschaut, um zu sehen, was sie als Nächstes tun."

Ihre Bitte an die Unbekannte, mit den Geschenken aufzuhören, war vergessen. Stattdessen schlich sie zur Treppe und versteckte sich, um von dort die Aktivitäten unserer unbekannten Weihnachtsengel besser verfolgen zu können. Sie wartete, bis das Auto wieder davongefahren war, und öffnete dann die Tür. Auf der Veranda lagen drei Rollen weihnachtliches Geschenkpapier, zusammen mit dem üblichen Schreiben.

Am dritten Weihnachtstag
schenken euch eure wahren Freunde
drei Geschenkpapierrollen
zwei Tüten Schleifen
und einen Weihnachtsstern.
Euch allen.

„Ich hab mein Ohr an die Tür gelegt", sagt Megan und baut Spannung auf. „Ich konnte das Rascheln hören und Schritte. Ich hatte meine Hand schon am Türgriff."

„Wieso hast du nicht geöffnet?", fragt Nick.

„Ja, warum hast du nicht mit ihnen gesprochen?", will Ben wissen.

Megan überrascht uns, als sie sagt, dass sie es getan hat. „Ich habe ‚Frohe Weihnachten' und ‚Danke' geflüstert."

Nick meint, es sei gut, dass sie nicht die Tür geöffnet habe.

„Es könnte aufhören, wenn wir ihnen ihren Spaß verderben. Vielleicht bringen sie uns echte Geschenke an Weihnachten, einen neuen Fernseher oder Fahrräder."

„Das hier *sind* echte Geschenke", protestiert Megan.

„Wir sollten jetzt vielleicht alle ins Bett gehen", sage ich. Die Jungs ziehen ab, aber meine Tochter bleibt. Unsere Hündin Bella kommt angetrottet, lässt sich neben Megan nieder und reibt ihre nasse Schnauze gegen den Kopf des Mädchens; eine Einladung, ihren Nacken zu kraulen. Megan gehorcht.

„Weihnachten ist schwieriger als früher", flüstert sie Bella ins Ohr.

Ich kann dem nur mehr als zustimmen, aber ich behalte meine Meinung für mich. Ich erinnere Megan daran, die Tür nicht zu öffnen, wenn sie nicht weiß, wer draußen steht. Ich fühl mich nicht wohl bei dem Gedanken an Fremde, die ums Haus schleichen, wenn ich nicht da bin, obwohl ich jetzt sehr dankbar bin, dass ich nicht noch extra losfahren muss, um Geschenkpapier für die Pralinenschachtel zu holen.

„Sie sind keine Fremden", sagt Megan. „Sie sind unsere wahren Freunde."

Die „Schuldigen" zu identifizieren, steht ganz oben auf meiner Weihnachtsliste.

4

Der vierte Weihnachtstag

Ich stehe früh auf, um die Pralinen für Megans Lehrerin einzupacken, bevor ich die Kinder wecke, aber die Aufgabe endet in einer größeren Suchaktion. Ich suche im Wohnzimmer und in der Küche nach dem Geschenkpapier und finde nur die übrig gebliebenen Papprollen im Mülleimer vor Megans Zimmertür. Ich schleiche auf Zehenspitzen durch Megans Zimmer, um ihr Lieblingsversteck hinter dem Bett zu inspizieren, als ein frustriertes Brummen uns beide erschreckt. Megan öffnet ihre Augen, lächelt mich an und driftet zurück in den Schlaf, während ich nach der Ursache der Störung suche.

Nick steht an seiner Zimmertür und schiebt mit den Füßen einen Stapel Schmutzwäsche vor sich her, der ihn daran gehindert hat, die Tür zu schließen. Ich wünschte, ich könnte das Chaos Megan zuschieben, aber es ist meine Schuld. Ich hatte den Kleiderstapel als Türkeil benutzt. Nick und ich streiten uns seit mehr als einem Monat wegen dieser Tür. Nick hatte sie vor dem Schlafengehen geschlossen. Doch als ich das Gedudel seines

Videospiels nicht mehr hörte, hatte ich sie wieder aufgemacht. Es ist eine neue Marotte von mir. Ich fürchte, die Kinder könnten mich nachts brauchen, und ich höre sie sonst nicht.

„Warum lässt du die Tür nicht zu?", fragt Nick. Seine Stimme zittert und seine Augen flackern vor Ärger. „Ich bin zwölf, ich brauche meine Privatsphäre."

„Ich respektiere deine Privatsphäre, Nick, aber du brauchst sie doch nicht, während du schläfst." Ich lege einen Arm um seine Schultern und bringe ihn zurück ins Bett. Ich übersehe die Geschenkpapierrolle, die er auf dem Fußboden hat liegen lassen, und stolpere darüber. Nick nimmt sie hoch und beginnt, die Rolle gegen den Bettrahmen springen zu lassen, erst leicht, dann härter und schneller, wie ein Flugzeugmotor, der für den Start beschleunigt wird. Ich weiß nicht, was er vorhat, deshalb greife ich nach der Rolle, gebe ihm einen sanften Stupser, um mir Platz zu machen und setze mich neben ihn.

Er lehnt sich gegen mich. Als er spricht, verstehe ich, dass er nicht ärgerlich, sondern verzweifelt ist.

„Jedes Mal, wenn wir eines dieser Geschenke bekommen, erinnert mich das daran, dass Papa die OP aufgeschoben hat, um in den Weihnachtsferien bei uns zu Hause zu sein."

Statt Worte voll mütterlicher Weisheit oder voll des Trostes sage ich: „So geht es mir auch."

Wir sitzen still da, bis eine verschlafene Megan gähnend im Türrahmen erscheint. Sie hat einen übergroßen Pyjama an, der mit tanzenden Pinguinen bedruckt ist, und ihr Haar hängt in Büscheln vor ihrem Gesicht. Nick und ich müssen schmunzeln.

„Geht es euch gut?“, fragt sie mit der Stimme eines Seelsorgers.

„Ja“, antworte ich.

„Okay.“ Megan greift nach der Geschenkpapierrolle in meiner Hand, bevor sie geht. „Danach hatte ich gesucht“, sagt sie. Aber ich will die Rolle nicht wieder abhandenkommen lassen.

„Ich hatte auch danach gesucht“, sage ich. „Ich muss damit das Geschenk für deine Lehrerin einpacken.“

Sie streckt mir die Rolle entgegen und zieht sie dann wieder zurück.

„Ich brauch nur ein bisschen“, sagt sie. „Ich habe Geschenke für euch, und die müssen gleich eingepackt werden. Die Pralinenschachtel brauche ich erst morgen.“

„Brauch nicht alles auf“, sage ich, aber Megan ist schon aus der Tür.

Nick und ich sehen einander an und seufzen.

„Es gibt also kein Entkommen von diesem Weihnachten“, sagt er mit einer Stimme, die so weltmüde klingt, dass ich meinen Arm um seine Schultern lege.

Der Weihnachtsstern, die Schleifen, das Geschenkpapier – das alles stößt nicht nur gegen meinen eigenen Schutzwall.

„Bist du okay?“, frage ich.

Sekunden vergehen, Nick antwortet nicht. Er starrt mich an. Ich möchte nicht die Erwachsene im Zimmer sein, die Erzieherin, die Mutter, aber ich weiß, es ist meine Aufgabe, also frage ich wieder. „Bist du okay?“

„Nein“, antwortet er. Und sein Schutzwall bricht zusammen. „Ich hab alles an diesem Morgen gesehen“, sagt er. „Meine

Zimmertür war offen. Ich hab gesehen, wie du Papa geschüttelt hast, wie du auf seine Brust gehämmert hast. Ich wollte nicht zusehen, aber ich konnte nicht weggehen."

Ich hatte gedacht, Nicks Forderung, seine Tür möge bitteschön geschlossenen bleiben, habe den Grund, dass er nach der Zubettgehzeit nicht mit einem Videospiel erwischt werden wollte. Seine Offenbarung war niederschmetternd.

„Ich fühl mich wie stecken geblieben, Mama, wie gefangen in einem Loop der Achterbahn", sagt Nick. „Ich kann nachts kaum schlafen. Wenn ich es tue, dann träume ich, dass du weinst und dass Papas Füße unter der Decke hervorlugen."

Ich kann nicht denken, ich kann nicht sprechen. Ich befinde mich wieder an diesem Morgen, genau wie Nick, bis seine nächsten Worte mich zurück in die Gegenwart katapultieren.

„Ich wünschte, ich hätte ihn retten können." Nicks Aussage trifft mich tief im Herzen und lässt eine Art stechender Schmerzen zurück. Nachdem mir nun endlich der tiefe Schmerz meines Kindes bewusst geworden ist, greife ich nach Nicks Kinn und zwinge ihn, mich anzusehen.

„Es ist nicht deine Schuld", sage ich.

Nick schiebt meine Hand weg und legt sich hin. „Er hat mir von der OP erzählt. Er sagte, ich bräuchte mir keine Sorgen zu machen. Er hat mich angelogen, Mama."

Diese Anschuldigung finde ich nicht fair. „Er wollte dich schützen", erkläre ich.

Nick erzählt mir, dass er sich immer wieder vorstellt, dass die Unterhaltung anders verlaufen wäre. Er hätte darauf bestehen müssen, sagt er, dass sein Vater die Operation gleich in Angriff nahm.

„Ich hätte sagen sollen, es würde nichts ausmachen, wenn er in den Weihnachtsferien nicht zu Hause wäre. Wir hätten jeden Tag nach der Schule noch Zeit verbringen können. Wenn ich das gesagt hätte, wäre er vielleicht noch am Leben", sagt Nick. „Ich würde alles geben, wenn ich diese Möglichkeit noch mal hätte."

Am anderen Ende des Zimmers geht der Wecker auf Nicks Regal los. Statt aufzustehen und ihn auszustellen, wirft er ein Kissen in Richtung des Geräuschs und katapultiert so den Wecker in Richtung Boden. Er klingelt weiter.

Ich beginne den Tag müder, als ich am Abend zuvor gewesen war, und habe das Gefühl, dass es meinem Sohn genauso geht. Ich muss um neun auf der Arbeit sein. Ich muss meinen Sohn aus seinem Achterbahn-Loop retten. Ich biete Nick das an, was ich selbst nutze: „Wir wär's, wenn du bei mir im Wohnzimmer schläfst?"

Vielleicht brächte uns das wieder etwas näher zusammen.

„Ich werde die Luftmatratze aufblasen", antwortet er.

***

„Briefe an den Weihnachtsmann? Du willst eine Geschichte über Drittklässler-Aufsätze? Da hab ich ein Dutzend bessere Ideen."

„Mach dich locker, Jo. Kinder und Weihnachten erhöhen die Auflage", sagt mein Redaktionsleiter. „Die Leute wollen in dieser Jahreszeit mehr lesen, als nur Artikel über den Gemeindehaushalt."

Ich lasse mich auf eine Diskussion ein, aber er hat sich darauf eingeschossen, dass ich einen Artikel darüber schreibe, wie Lehrer ihre Schüler angesichts der vielen vorweihnachtlichen Ablenkungen dazu bringen, sich auf das Lernen zu konzentrieren. Laut meiner Kinder haben die Lehrer bereits ihre Schreibtische aufgeräumt und sich der Ferienstimmung hingegeben.

„Die meisten Schulen haben ab morgen Ferien", sage ich.

„Wunderbar, dann hast du heute noch den ganzen Tag, um die Geschichte zu schreiben", sagt mein Chef.

Meine Überzeugungskraft war wohl nicht ausreichend. Der Redaktionsleiter setzt den Artikel bereits auf die Themenliste für die morgige Ausgabe. Es gibt kein Entkommen.

Ich seufze, rufe ein Dutzend Schulen an, und beginne missmutig darüber zu schreiben, wie Lehrer die Weihnachtsstimmung mit Englisch- und Mathestunden verbinden. Ich kann nichts dafür, dass ich eher auf einen Banküberfall oder einen plötzlichen Schneesturm hoffe, um dem Artikel noch zu entkommen.

Während meiner Mittagspause halte ich mich an meinen Vorsatz und suche weiter beharrlich nach der Identität der Geschenkebringer. Ich entscheide mich, eine Liste mit „Verdächtigen" zu machen, aber merke, dass es eigentlich niemanden gibt, den ich darauf setzen könnte.

Meine Kollegin Joann war die Hauptkandidatin am Tag des Weihnachtssterns gewesen. Aber sie ist schon gestern in die

Ferien geflogen. Sie war also gar nicht hier, als das Geschenkpapier kam. Ich überlege, ob sie vielleicht eine Komplizin haben könnte, die die anderen Geschenke bringt, aber das hört sich nach viel Aufwand an, nur um ein Weihnachtsgeheimnis zu hüten.

Ich entscheide mich, Megans Pfadfinderleiterin anzurufen, Maribeth. Sie und die anderen Mütter in Megans Pfadfindertruppe haben mehr als einen Monat lang dreimal in der Woche Mahlzeiten gekocht, nachdem Rick gestorben war. Cremige Aufläufe mit Huhn und Brokkoli, Töpfe mit Chili und hausgemachte Eintöpfe waren alle paar Tage vor unserer Tür aufgetaucht. Anders als die mysteriösen Weihnachtsgeschenke kamen diese Mahlzeiten immer zusammen mit einer Karte, die mit echtem Namen unterschrieben war. Maribeth hatte bei der Koordination geholfen. Vielleicht hatte sie ja auch die weihnachtliche Geschenkaktion organisiert. Sie kennt meine Arbeitszeiten besser als die meisten anderen, und sie lebt mit ihrer Familie in unserer Nähe, deshalb wäre es nicht weiter kompliziert für sie, die Gaben unentdeckt abzugeben. Sie nimmt unsere Tochter mit zu den Pfadfinderstunden und zum Basketballtraining. Sie ist meine Retterin, wenn ich nicht aus dem Büro rauskomme und Megan eine Mitfahrgelegenheit braucht.

Nachdem Maribeth und ich etwas Small Talk gemacht haben, komme ich gleich zum Punkt. „Da ist noch etwas, über das ich reden wollte, etwas Mysteriöses."

„Ich bin ganz Ohr", sagt sie.

„Wir bekommen dauernd Geschenke, Maribeth, Weihnachtsgeschenke, die jemand an den letzten Abenden vor unsere Haustür gelegt hat. Wir wissen nicht, von wem sie sind.“ Ich erzähle ihr von den selbst gemachten Karten und beschreibe jedes Geschenk. Wenn sie dafür verantwortlich ist, wäre das ja vielleicht an ihrer Reaktion erkennbar. „Megan hat den Weihnachtsstern bei den Pfadfindern erwähnt. Was meinst du, von wem er ist? Ich dachte, vielleicht von dir ...“

Maribeth lacht. „Rate weiter. Ich war es nicht, aber es ist eine schöne Idee!“

„Hast du sonst irgendetwas gehört, vielleicht in der Schule?“, bohre ich weiter.

„Falls jemand aus Bellbrook dahintersteckt, dann schweigen sie. Ich hab nichts mitbekommen, außer das, was Megan erzählt hat – und jetzt du.“

Ich höre, wie es in der Leitung knackt.

„Ich muss Schluss machen, Jo. Lass es mich wissen, wenn du rausgefunden hast, wer es ist. Was für ein netter Gedanke!“

Meine Recherche wird durch einen Rückruf von einer Schulleiterin unterbrochen, deren Schüler Nahrungskonserven und Kleingeld für bedürftige Familien sammeln.

„Wir versuchen den Kindern beizubringen, sich auch auf das Geben statt nur auf das Bekommen zu konzentrieren“, erzählt sie mir. „Einer unserer Schülerinnen machte das Schenken so viel Spaß, dass sie ein ganzes Sparschwein voller Münzen gespendet hat.“

„Haben Sie die Familien gefragt, ob sie Ihre Hilfe überhaupt wollen?", frage ich nach. Sofort tut mir meine Frage leid. Ich kenne das Sprichwort „Geben ist seliger als Nehmen", aber ich frage mich, wie oft der Beschenkte sich wie meine Familie fühlt – überwältigt von ungewollten Gefälligkeiten. Man erwartet, dass wir dankbar sind. Man erwartet, dass ich dankbar bin.

Ich beende das Interview schnell und denke darüber nach, die Zitate dieser Schulleiterin aus dem Artikel rauszustreichen, aber ich lasse ein paar Zeilen stehen. Zum ersten Mal seit dem 8. Oktober möchte ich einfach fertig mit der Arbeit werden und nach Hause fahren. Ich möchte zu Hause sein, wenn das nächste Geschenk kommt.

Ich tätige einen letzten Anruf, bevor ich das Büro verlasse. Charlotte nimmt nach dem ersten Läuten ab und fragt sofort drauflos: „Hast du ein Fahrrad gekauft? Und wie sieht es mit einem Baum aus?"

Die Antwort auf alle ihre Fragen ist negativ, deshalb ignoriere ich sie einfach.

„Wir haben ein weiteres anonymes Geschenk bekommen", sage ich. „Es trudelte ein, als ich nicht zu Hause war, und Megan hörte sie zur Eingangstür kommen. Ich mache mir echt Sorgen."

„Ich kann mir nicht vorstellen, dass sie es böse meinen", versucht Charlotte mich zu beruhigen.

„Jeder von uns ist aufgebracht", erkläre ich. „Und Nick hat Albträume."

Charlotte hält inne und sagt dann sanft: „Es sind nicht die Geschenke, weswegen sie aufgebracht sind, Jo, glaub mir.“

Dem kann ich nicht widersprechen.

***

Mit dem Vorsatz, das Abendessen vom Vortag wieder wettzumachen, halte ich auf dem Weg nach Hause am Supermarkt an. Vier Teenager mit Trompeten, einer Posaune und einer Klarinette stehen vor dem Markt und spielen „O Tannenbaum“, während ein weiterer die Passanten um Spenden bittet. Ein Plakat, das gegen einen Sack Steinsalz gelehnt ist, erklärt, dass die Jugendlichen für eine bedürftige Familie sammeln. Das Plakat ist mit handgemaltem Tannengrün verziert, ähnlich dem auf unserer ersten anonymen Karte. Ich erkenne in den Musikern Klassenkameraden von Ben, aber ich kenne sie nicht persönlich.

Ich krame in meinem Portemonnaie nach Kleingeld, und frage mich, ob die Gabe genutzt wird, um weitere geheime Geschenke für mich und meine Kinder zu kaufen. Bevor ich den Laden betrete, stecke ich ein paar Münzen in den Schlitz des Sammeleimers.

Ich lasse mir Zeit beim Einkaufen, in der Hoffnung, dass die Teenager ihre gute Tat beendet haben, wenn ich zurückkomme. Ich bin erleichtert zu sehen, dass sie weg sind, als ich den Laden wieder verlasse, aber mir ist keine Pause vergönnt. Junge Pfadfinder umkreisen wie Geier den Parkplatz. „Haben sie schon Ihren Weihnachtsbaum gekauft?“

Ich will dem Jungen sagen, dass es ihn nichts angehe, aber sein Pfadfinderleiter beobachtet uns. So gebe ich ihm fünf Dollar, lade meine Lebensmittel in den Kofferraum und fahre nach Hause.

Als ich ankomme, ist die Garagentür auf, das Außenlicht brennt und unser Weihnachtsbaumständer steht auf meinem Parkplatz. Ich halte an und überlege kurz, den Ständer wegzuschieben. Kein Zweifel: Megan ist für diese strategische Platzierung verantwortlich. Doch dann lege ich den Gang ein, trete aufs Gaspedal und fahre über den Metallständer, fahre wieder rückwärts und rolle erneut drüber.

Nick hatte recht. Ich kann Weihnachten nicht entkommen, aber ich kann mit einem V6-Zylinder und einem guten Satz Reifen einfach drüberfahren.

Das emotionale Hoch, das ich in dieser Trotzreaktion empfinde, verschwindet, als mir einfällt, dass ich Megan erklären muss, wie es zu dem geschrotteten Baumständer gekommen ist. Wie alles andere addiere ich die Sache zu meiner Liste von Problemen, denen ich mich irgendwann widmen will. Ich mache mir auch keine Mühe, das Beweisstück zu verstecken; ich lasse den zerquetschten Ständer einfach unter dem Auto liegen.

***

Meine Tochter ist völlig hin und weg, als ich mit vier Einkaufstüten ins Haus komme. Und sie besteht darauf, mir beim Abendessenmachen zu helfen.

„Hast du an die Sache für meine Schulparty gedacht?“

„Ich hab's schon besorgt", sage ich und denke an die Pralinen, die ich gestern für Megans Lehrerin gekauft habe.

„Wo sind deine Brüder?", frage ich.

„Ben sagt, ich soll dir sagen, dass er bei Robert ist, und ich soll dich daran erinnern, dass er gestern Abend zu Hause war. Nick sieht fern."

Bevor wir mit dem Kochen beginnen, schaue ich nach Nick. Er hat seine Luftmatratze aufgeblasen und sich draufgelegt.

„Er liegt da, seit wir aus der Schule gekommen sind", platzt es aus Megan heraus, die mir hinterhergeschlichen ist. „Ich hab versucht, ihn dazu zu bringen, mit mir die Kiste mit den Weihnachtssachen anzugucken."

Ich seufze und gehe zurück in die Küche. Die Vorbereitungen des Abendessens werden allerdings durch einen Anruf meines Chefs verzögert. Die Schlussredaktion hat eine Frage zu meiner Schulgeschichte. Mitten im Telefonat höre ich etwas, das sich anhört, als würden zwei Elefanten die Treppe hochrasen …

Unsere Weihnachtstäter müssen ein weiteres Geschenk gebracht haben.

Nick und Megan ringen um ein Paket, das vier Weihnachtsgeschenkschachteln enthält. Megan lässt den Karton ohne Warnung los, und Nick fliegt rückwärts auf die Luftmatratze. Der Stöpsel springt mit einem *pffffff* aus dem Verschlussloch. Nick reagiert mit einer kämpferischen Bewegung; er packt Megan an ihren Knien und zieht sie zu Boden. Beide lachen, als die Luftmatratze platt ist.

„Hat jemand von euch sie gesehen?“, frage ich neugierig.

„Fast“, sagt Megan.

Die Kinder erklären, dass sie, als sie das Auto in Richtung Haus kommen hörten, sofort zur Tür gerast seien, damit sie unsere wahren Freunde direkt auf frischer Tat ertappen. Das Gefecht auf dem Absatz habe sie dann aber zurückgehalten.

„Ich hab das Geschenk gefunden“, verkündet Nick.

„Aber ich war zuerst an der Tür und hab dich die Tür aufmachen lassen“, erinnert ihn Megan. „Denk dran, was du versprochen hast.“

Nick zieht eine Grimasse, und ich habe das Gefühl, dass er etwas versprochen hat, das mir nicht gefällt.

„Was ist los?“, will ich wissen.

„Er will die Weihnachtsdeko-Kisten für mich aus dem Kellerschrank holen“, sagt sie.

„Nick?“, stammele ich hilflos.

Er weicht der Frage aus und bewundert stattdessen die Verzierung auf der Karte, die mit dem vierten Präsent angekommen ist. Die Nachricht hält sich wieder an den Liedtext von „The Twelve Days of Christmas“. Fast alles ist mit einem roten Stift geschrieben worden – außer dem Wort „Geschenkschachteln“, das ist blau. Der erste Buchstabe jeder Zeile ist eingekreist.

Am vierten Weihnachtstag
schenken euch eure wahren Freunde
vier Geschenkschachteln
drei Rollen Geschenkpapier

zwei Tüten Schleifen
einen Weihnachtsstern.
Es ist vier euch alle.

„Schau dir das an, Mama. Sie haben in der letzten Zeile „vier euch alle“ statt „für euch alle“ geschrieben! Das unterscheidet sich von den anderen Karten.“

„Nun, wir sind vier“, sage ich.

„Vielleicht ist es ein Hinweis“, sagt Nick. „Und warum sind da Quadrate um die Buchstaben gemalt?“

Nick holt Papier und Bleistift und schreibt jeden eingekreisten Buchstaben auf. AWSVDZEV.

„Das ergibt für mich keinen Sinn“, sagt Megan.

Wir versuchen, die Buchstaben anders zu ordnen.

„Hoffnungslos“, sagt meine Tochter. „Vielleicht sind die Quadrate einfach eine Art Dekoration.“

Nick gibt nicht auf. „Vielleicht gibt es ja Hinweise auf jeder Karte, die wir dann zusammentragen müssen!“

Es sieht so aus, als habe mein Sohn etwas vor.

„Ich hab die erste Karte“, sagt er, „ich bin nicht sicher, wo die von Tag zwei und drei sind.“ Er schaut mich entschlossen an. „Wir werden die Karten ab jetzt alle aufheben, und ich werde sie jeden Abend überprüfen. Ich werde es rausfinden!“

Noch vor einer halben Stunde war Nick müde und fertig fürs Bett; jetzt rennt er mit seiner Schwester durch das Haus. Ich bin erleichtert, dass das Geheimnis um die anonymen Geschenke ihm neue Energie gibt.

Ich ziehe mich zurück, um mich umzuziehen und dann meine E-Mails zu checken. Als ich in die Küche zurückkehre, inspiziert Megan gerade die Einkaufstüten. Sie erklärt mir, dass Nick ihr gesagt habe, er brauche ihre Hilfe nicht, bis er die Kisten aus dem Schrank geholt habe. „Außerdem hab ich ja auch versprochen, beim Abendessen zu helfen", ergänzt sie.

Megan reiht den Inhalt der Einkaufstüten auf dem Küchentresen auf – die Zutaten für mein Huhn-Nudelgericht sowie Tacos mit schwarzen Oliven und eine Tüte Spaghetti.

Sie schaut mich überrascht an. „Woher weißt du das?"

Panik weicht ihrem Lächeln, als ihr klar wird, dass ich am Vorabend ihre Unterhaltung mitbekommen habe. Dann verwandelt sich die Panik in Trotz. „Es tut mir nicht leid, was ich gesagt habe."

„Muss es auch nicht", brumme ich. Ich umarme sie und frage dann: „Was möchtest du zum Abendessen?"

Ich erwarte „Spaghetti" als Antwort, aber sie überrascht mich.

„Tacos mit schwarzen Oliven."

Wir braten ein Pfund Hackfleisch an, geben die Taco-Soße dazu und lassen alles etwas schmoren. Megan öffnet das Glas mit den Oliven, während ich Tomaten und Salat klein schneide.

Der Duft lockt Nick aus seinem Zimmer. „Tacos, hmm! Mein Lieblingsessen!"

Megan sieht mich mit einem selbstgefälligen Lächeln an. „Okay, dann kann ich ja gehen", sagt sie.

Nick nascht aus der Pfanne einen Löffel Tacofleisch und bietet dann an, beim Tischdecken zu helfen. Das ist das erste Mal.

Ich frage mich, ob irgendetwas in unserer Unterhaltung heute Morgen ihn etwas großzügiger gestimmt hat.

Das Licht von Autoscheinwerfern erhellt das Zimmer – Ben kommt die Auffahrt heruntergefahren. Wir stellen einen vierten Teller auf den Tisch. Mein Teenager kommt rein; er trägt den alten Arbeitsmantel seines Vaters, etwas verblasst, ausgefranst und viel zu groß für ihn. Die Arme des Mantels reichen ihm bis über seine Handknöchel. In das Kleidungsstück würde er locker zweimal reinpassen. Er hält die Arme verschränkt, damit der Mantel vorn nicht aufgeht, und ich bin ziemlich sicher, dass er darunter etwas versteckt.

„Hungrig?", frage ich und hoffe, dass er seinen Mantel öffnet und ein Schulbuch oder ein Notebook zum Vorschein kommt.

Er macht jedoch direkt auf dem Absatz kehrt. „Ich muss erst meine Hände waschen."

Ein paar Minuten später kehrt er in die Küche zurück – ohne Mantel.

„Was hast du gemacht?", frage ich.

„Bei Robert rumgehangen. Nichts Besonderes. Wir haben Mathe-Hausaufgaben gemacht."

In diesem Moment entscheide ich mich, etwas zu tun, von dem ich einmal schwor, dass ich es meinen Kindern nie antun werde. Ich werde sein Zimmer durchsuchen. Ich hasse die Vorstellung, die Privatsphäre meines Sohnes zu verletzen, aber er spricht kaum mit mir. Jetzt bringt er heimlich irgendwelche Dinge mit ins Haus. Ich habe Angst um ihn.

Während des Abendessens erzählt Megan Ben Details über die Ankunft des vierten Geschenks und Nick erklärt seine Theorie zu den versteckten Hinweisen auf den Karten. Mir fallen die Musiker vor dem Supermarkt wieder ein, und ich frage Ben, ob er viele Freunde in der Schulband hat.

„Chris spielt Klarinette. Warum?“

Ich erwähne die Band-Mitglieder, die ich am Supermarkt gesehen hatte, aber teile nicht meinen Verdacht mit, dass sie etwas mit den Geschenken zu tun haben könnten. Wenn sie das für Ben tun, glauben sie vielleicht, dass es ihm helfen könnte. Vielleicht wird Ben dadurch ja wieder wie vorher – zu dem Jungen, der es mochte, ein Teil dieser Familie zu sein.

Während meine Gedanken hin und her springen, verkündet Megan ihren Plan zur Verwendung der vier Geschenkschachteln. „Ich finde, wir sollten jeder eine davon bekommen und dann uns gegenseitig unter den Weihnachtsbaum legen.“

Nick hat kein Interesse an ihrer Idee, aber Ben zieht zu meiner Bestürzung mit einer der Schachteln ab. Nick bleibt noch etwas, um mir beim Aufräumen zu helfen. Als er seine Ärmel hochkrempelt und das Geschirr abwäscht, weiß ich, dass etwas im Busche ist, aber ich entscheide, mir darüber heute Abend keine Gedanken mehr zu machen. Das Haus ist alles andere als sauber, aber es ist auch nicht chaotisch, und ich habe mir vorgenommen, mich mehr um Ben zu kümmern. Als ich mich später ins Bett lege, bin ich von der Hoffnung erfüllt, dass dieser Nebel voller Kummer, in dem wir gerade gefangen sind, sich ein wenig lichtet.

5

Der fünfte Weihnachtstag

Als der Wecker um 5.30 Uhr klingelt, krieche ich mühsam von der Couch hoch, statt wie sonst auf die Schlummertaste zu drücken. Während ich mich für den Tag fertig mache, gehe ich meine To-do-Liste durch. Es ist genügend zu essen da für ein Frühstücksbüfett, und ich nehme mir fest vor, dass heute niemand den Schulbus verpasst.

Nach dem erfolgreichen Abendessen gestern und der Ankunft des vierten anonymen Geschenks widme ich mich der Aufgabe, eine bessere Mutter zu werden, und dieser Morgen ist der Beginn dafür. Gerade als ich mich gedanklich darauf einlasse, Alleinerziehende zu sein, klopft Megan an die Badezimmertür. Ich erwarte, ihr fröhliches Gesicht zu sehen, stattdessen sehe ich Sorgenfalten auf ihrer Stirn. „Ich kann die Cupcakes nicht finden."

„Welche Cupcakes denn?", frage ich.

„Na, für die Weihnachtsfeier in der Schule. Du hast dich doch beim ‚Tag der offenen Tür' dafür eingetragen. Erinnerst du dich nicht? Ich hab dich doch gestern danach gefragt."

Der ‚Tag der offenen Tür' war im September gewesen.

„Wann ist die Feier?", will ich wissen.

„Heute."

Ich hatte jedes Jahr mit einer Kleinigkeit zur Schulweihnachtsfeier beigetragen. Megan und ich hatten uns in Kochbücher und Weihnachtszeitschriften vertieft, um irgendetwas Ungewöhnliches zu finden, das wir zusammen backen konnten. Wir hatten Weihnachtskranz-Kekse mit Cornflakes und geschmolzenen Marshmellows gemacht oder Rentiere aus Zuckerguss. Und nun, dieses Jahr, war ich durch den Dezember gestolpert und hatte versucht, Weihnachten zu vergessen – und war dabei kläglich gescheitert.

„Die Schule wollte doch eine Erinnerung schicken", sage ich und atme tief durch.

„Die Karte hängt am Kühlschrank, ich hab sie dir letzte Woche gegeben." Megan lehnt sich gegen die Badezimmertür und wirft mir einen frustrierten Blick zu. „Hast du es vergessen?"

Die Szene dringt langsam in meine vordere Hirnhälfte, als Megan mir den Zettel reicht. Ich hatte tatsächlich versprochen, Cupcakes zu machen, und hab es schlicht und einfach vergessen.

„Ich habe aber an ein Geschenk für deine Lehrerin gedacht", sage ich und versuche, die Enttäuschung meiner Tochter aufzufangen. Sie schüttelt ihren Kopf. „Was sollen wir jetzt nur tun?", fragt sie.

Es ist nicht das erste Mal seit Ricks Tod, dass ich so versagt habe: Die Zutaten, die ich für die Popcorn-Bällchen für das Herbstfest der Schule kaufte, sind immer noch im

Küchenschrank. Aber das hier ist nun ein weiterer Weihnachtsmoment, den ich meiner Tochter nehme, und ich kann nicht noch mal das Gesicht meines enttäuschten Kindes verkraften.

„Wir könnten etwas Schnelles machen", biete ich an. „Popcorn?"

„Du hast dich auf der Liste für süßen Nachtisch eingetragen", sagt Megan. Sie wirkt nun aber etwas ermutigt, weil ich versuche, zumindest eine Lösung für die Nachtischkrise zu finden.

Ich habe keine Zeit mehr zu backen, deshalb improvisiere ich. „Mach dich schnell fertig, wir fahren zum Supermarkt", sage ich entschlossen.

Die Fahrt zum Einkaufsmarkt bedeutet, dass wir das Haus verlassen, bevor die Jungs ihren Schulbus nehmen, und ich mache mir Sorgen, dass Ben das ausnutzt, um die Schule zu schwänzen. Es nimmt mir auch die Möglichkeit, an diesem Morgen sein Zimmer zu durchsuchen. Ich habe mit diesem Vorhaben einen guten Teil der Nacht gekämpft. Unsere Beziehung, auch wenn sie sehr instabil ist, baut schließlich auf Vertrauen auf. Bens Zimmer zu durchsuchen, wird dieses Vertrauen zerstören, wenn er herausfindet, dass ich herumschnüffele. Aber Vertrauen muss ja schließlich auch etwas Gegenseitiges sein. Ich habe gestern Abend gesehen, wie Ben etwas ins Haus geschmuggelt hat. Ich muss wissen, was in ihm vorgeht.

Bevor Megan und ich losfahren, nehme ich Ben beiseite. „Versprich mir, dass du zum Schulbus gehst", sage ich.

Ben atmet tief ein, und ich erkenne den Blick. Es ist derselbe, den er von mir bekommt, wenn er meine Geduld bis zum Äußersten auf die Probe stellt. „Musst du das wirklich fragen?"

Megan kommt dazu. „Bitte, Ben."

„Meinetwegen", brummt ihr Bruder. „Ja, ich versprech's euch."

Ich fahre das Auto rückwärts aus der Garage, als Nick aus dem Haus gerannt kommt, im Schlafanzug, über den er einen Mantel gezogen hat. „Ich muss mit dir reden. Es ist wichtig."

„Hat das nicht bis nach der Schule Zeit?"

Nicks Gesichtsausdruck sagt mir, dass es nicht warten kann, aber als er Ja sagt, nehme ich ihn beim Wort.

„Ich arbeite heute nicht. Ich warte auf dich, wenn du vom Schulbus kommst."

Als er zurück ins Haus geht, sehe ich einen amtlichen Briefumschlag in seiner Hand. Was da wohl drinsteht? Bitte, nicht noch mehr Probleme. Keine weiteren Probleme!

Während unserer Fahrt zum Supermarkt zählt Megan eine Liste von alternativen Nachtischen auf, falls es keine Cupcakes geben sollte.

„Donuts mit Streuseln, Kekse, ein großer Weihnachtskuchen, ähm … Kürbiskuchen mit Sahne."

Ich erwarte, dass der Supermarkt leer ist, weil es so früh ist, aber es scheint, dass ich nicht die einzige Mutter oder der einzige Vater auf der Suche nach Leckereien bin. Ich will gerade zwei Mütter grüßen, deren Kinder in Megans Klasse sind, als ich ihre Unterhaltung mitbekomme.

„… sie hat schon beim Herbstfest nichts mitgebracht, obwohl sie sich in die Liste eingetragen hat. Ich kaufe mal vorsorglich noch ein paar Cupcakes, falls sie es auch diesmal wieder vergisst."

„Ich hab gehört, die Familie fällt auseinander", ergänzt die andere Mutter.

Ich halte inne und nehme Megans Hand, sodass sie ebenfalls stehen bleibt. Ihr Lächeln ist einem leeren Gesichtsausdruck gewichen. Ich hoffe, dass wir von einem schwarzen Loch eingesaugt werden, bevor die Frauen sich umdrehen und unsere Anwesenheit bemerken. Aber Megan hat andere Pläne. Sie beginnt zu singen: „He's making a list. He's checking it twice. He's gonna find out who's naughty or nice …"*

Die Frauen drehen sich um und sehen Megan, die unseren Einkaufswagen schiebt und in ihre Richtung fährt. Megans Beine bewegen sich in rasender Geschwindigkeit in Richtung der Cupcakes. Sie hält kurz vor einem Zusammenstoß an und sagt „Entschuldigung."

Die beiden Mütter weichen aus.

Ich eile meiner Tochter hinterher und wir legen die Cupcakes in den Einkaufswagen. „… gonna find out who's naughty or nice", singt meine Tochter noch einmal und betont dabei das Wort „naughty" – unartig. „Santa Claus is coming to town", dieses Lied sangen Rick und ich früher, als die Kinder noch ganz klein waren – immer dann, wenn sich eines von ihnen nicht benahm. Ich frage mich, ob Megan es für die Klatschtanten singt

* Textzeile aus dem Weihnachtslied: „Santa Clause is coming to town", die übersetzt ungefähr lautet: „Er macht eine Liste und geht sie zweimal durch, damit er rausfindet, welche die Unartigen und welche die Braven sind."

oder für mich. Die Frauen haben nichts ausgesprochen, was nicht wahr wäre. Unsere Familie war wirklich am Auseinanderfallen.

Als die Frauen aus dem Gang verschwunden sind, flüstere ich Megan zu. „Es tut mir leid. Ich werde mich bessern."

Sie tut, als sei nichts gewesen. „Lass uns noch eine Extrapackung kaufen, falls jemand noch welche möchte", sagt sie und legt noch einen Viererpack in unseren Einkaufswagen.

Ich sehe, dass sie wieder lächelt, aber ich sehe auch die Tränen in ihren Augenwinkeln.

Wir treffen die zwei Mütter noch einmal in der Schlange an der Kasse. Megan wünscht ihnen betont „Frohe Weihnachten". Ich gehe raus, ohne ein Wort zu ihnen zu sagen.

Abgesehen vom Summen des Motors herrscht auf der Fahrt zur Schule Stille im Auto. Megan nutzt die Zeit, um die Cupcakes von der Verpackung zu befreien und sie in unsere mitgenommenen, bunten Blechdosen umzufüllen. Als ich auf den Parkplatz fahre, schließt sie den letzten Deckel.

„Versuch heute einfach, etwas Spaß zu haben", sage ich zu Megan. „Lass dich nicht von diesen Frauen beeinflussen."

Zu meiner Überraschung lacht sie. „Diese Frauen verstehen nicht, wie schwer das grad alles für uns ist – im Gegensatz zu unseren Geschenkebringern. Wir fallen nicht auseinander, wir sind nur etwas angeknackst. Du tust doch, was du kannst, Mama. Wir alle."

Megan lehnt sich zu mir hinüber und gibt mir einen Kuss auf die Wange. Dann steigt sie aus.

Als ich ihren schwingenden Pferdeschwanz in der Menge der Schüler verschwinden sehe, sehe ich nicht mehr die Zehnjährige vor mir, die sie ist, sondern die junge Dame, die sie einmal sein wird. Mein Herz glüht vor mütterlichem Stolz, und ich schwelge noch in dem Gefühl, als ich eine der Mütter vom Supermarkt auf den Parkplatz fahren sehe. Ich bin ziemlich sicher, dass da eine Entschuldigung auf ihrem Gesicht geschrieben steht, aber ich will sie nicht oder verdiene sie nicht. Ich fahre rückwärts aus der Parklücke, als sie sich nähert. Ich habe nichts zu sagen. Meine Tochter hat es alles gesagt.

***

Ich verbringe den Großteil des Tages damit, die Fußböden zu schrubben, das Geschirr abzuwaschen und die Wäsche zu machen. Meine Kinder brauchen mich als Vorbild, und ich möchte sie nicht noch mehr enttäuschen. Jetzt, wo Nick die Kisten mit der Weihnachtsdeko aus dem Kellerschrank geholt hat, weiß ich, dass es nicht mehr lange dauert, bis Weihnachtsmänner aus Keramik das Haus umzingelt haben. Ich habe mir vorgenommen sicherzustellen, dass die Weihnachtsdeko nicht von Staubwolken eingehüllt ist und dass wir in der kommenden Woche saubere Kleidung haben.

Es fühlt sich gut an, ganz normale Dinge zu tun – all das, was ich bisher jedes Jahr im Hinblick auf das bevorstehende Weihnachtsfest erledigt habe, seit meiner Zeit als junge Braut. Mir tun das Alleinsein und die Stille gut. Statt mich einsam und unbehaglich zu fühlen, fühle ich mich frei, meine Gedanken zurückwandern zu lassen zu glücklicheren Weihnachtstagen, und zu weinen, wenn mir danach ist – ohne Angst zu haben, dass ich damit eines meiner Kinder verunsichere.

Meine Weihnachtsvorbereitungen begannen immer Mitte November mit einem Großputz des ganzen Hauses, eine Tradition, die ich von meiner Mutter übernommen hatte. Bei unserem ersten gemeinsamen Weihnachtsfest hatte mir Rick Hilfe angeboten, bevor ihm bewusst wurde, wie umfangreich die Arbeit sein würde.

„Niemand wird merken, ob du unter dem Bett staubgesaugt hast", hatte er sich nach zwei Tagen Weihnachtsgroßputz beschwert. „Wen stört der Staub auf dem Kronleuchter, wenn man über zwei Meter groß sein muss, um ihn überhaupt zu sehen?"

Als ich ein Wochenende lang die Fußböden geschrubbt, Toiletten gereinigt, Spinnweben von den Lampen entfernt, Wände gewaschen und jede Holzoberfläche im Haus poliert hatte, nannte Rick mich „weihnachtsverrückt". In den Folgejahren plante er in dieser Zeit nötige Hausreparaturen, um nicht beim Putzen beteiligt zu werden. Er ersetzte den Ventilator am Trockner oder wechselte die Batterien in unseren sieben Rauchmeldern – sie mussten in den Ferien schließlich einsatzbereit sein. Ich fand das okay, solange er mir nicht in den Weg kam. Ich stellte das Radio an und sang die Weihnachtslieder mit, während meine Hände und Knie durch die Hausarbeit die Farbe von roten Weihnachtssternen annahmen.

Der wirkliche Weihnachtsspaß begann nach dem Großputz. Dann holte ich die Dekoration raus. Eine Weihnachtsmannfigur samt eines Truthahns – ein Geschenk meiner Schwester Carol –

wurde immer als Erstes aufgestellt. Für uns, und dann später auch für die Kinder, war sein Auftauchen das Zeichen, dass nun der Monat der Weihnachtsfreuden begann. An den Adventsbeginn in diesem Jahr habe ich keine klare Erinnerung mehr. Der kleine Kerl hat es nie aus dem Kellerschrank geschafft.

Ich wühle mich durch den Wäscheberg. Zum ersten Mal in diesen Wochen kann ich den Boden der Schmutzwäschetruhe wieder sehen – und stoße auf ein paar Kleidungsstücke von Rick: Socken, Unterwäsche, das grau gestreifte Hemd, das er am Tag vor seinem Tod trug. Die Ärmel sind noch immer bis zu den Ellbogen hochgekrempelt. Ich nehme das Hemd, halte es an meine Nase und atme tief ein.

Schimmel.

Das Hemd hatte lange unter nassen Handtüchern und schmutziger Sportkleidung gelegen. Jegliche Duftspur von Rick ist fort.

Ich fülle eine Extraportion Waschmittel in die Waschmaschine und sammle Ricks Kleidung zusammen. Bevor ich das Hemd in die Trommel lege, rutscht ein Notizzettel aus der Brusttasche. Das Papier ist feucht, aber die Liste in der schönen Handschrift von Rick ist lesbar. *Weihnachtsgeschenke vor der OP kaufen: Fahrrad für Nick, Sitzüberzüge für Bens Auto, Sportanzug für Megan.* Hinter meinem Namen hat er geschrieben: *Dieses Weihnachten wird besonders sein.*

Ich schaue mir jeden Buchstaben auf der Liste an, und frage mich, wann und wo er das geschrieben hat. Ich versuche mir vorzustellen, es sei ein Zeichen von Rick, dass er immer noch irgendwie bei uns ist, aber ich weiß, es ist nur ein weiteres Stück seines nicht zu Ende gelebten Lebens.

Ich falte den Zettel wieder zusammen, stecke ihn zurück in die Hemdtasche und lege das Hemd, Ricks Socken und seine Unterwäsche in die Maschine, stelle sie an und sehe wie hypnotisiert zu, als sich die Trommel mit der Wäsche zu drehen beginnt. Mir tut meine Tat fast augenblicklich leid, aber nicht früh genug, um die Notiz zu retten. Sie ist schon in Stücke zerfallen wie unsere Leben.

Der Dampf, der vom heißen Wasser aufsteigt, gibt mir das Gefühl, ich sei in einem Dampfbad. Ich schließe den Deckel, aber es hilft nichts. Ich schwitze, und mein Herz rast, als ob es aus meiner Brust springen wollte. Ich frage mich, ob sich Rick auch so gefühlt hat, und mich überkommt Panik. Meine Beine geben nach und ich rutsche zu Boden.

„Atme. Bewahre Ruhe. Hilf mir, Gott." Ich schlafe gegen die Waschmaschine gelehnt ein, während ich da auf dem Betonboden sitze.

Als ich wieder aufwache, ist das Haus still und mein Herz schlägt wieder normal. Nur die Angst ist noch da. Das Haus fühlt sich fremd an, und ich möchte nicht allein darin sein. Ich renne nach oben, schlüpfe in meine Stiefel und greife nach dem Autoschlüssel und dem Mantel. Ich muss hier raus.

Ich fahre drei Stunden, Cincinnati und zurück – ohne aus dem Auto auszusteigen.

***

Nick öffnet mir die Haustür, als ich um kurz nach fünf nach Hause komme. Er ist seit über einer Stunde zu Hause, aber fragt mich nicht, wo ich war. In der Stereoanlage erklingt eine CD mit einer Sammlung meiner Lieblingssongs. Nick informiert mich, dass Megan um halb acht vom Basketball abgeholt werden muss. Er zieht mir meinen Mantel aus, indem er an meinen Ärmeln zieht, legt ihn über seinen rechten Arm und bedeutet mir, Platz zu nehmen. „Ihr Thron, Madam."

Ich rolle lächelnd meine Augen, als er weiter den Butler spielt.

Er kniet sich vor mich hin, als wäre ich Prinzessin Aschenputtel, nur dass ich keine Glasschuhe trage, und zieht mir meine Stiefel aus. Eine Tasse lauwarmer Schokolade steht auf dem Kaffeetisch, Kakaoklümpchen schwimmen auf der Oberfläche. Neben der Tasse liegt auf meinem Lieblingsweihnachtsteller ein großer Keks, den Bella bereits fixiert hat.

Ein Teller, den Rick mir vor mehreren Jahren gekauft hat und der nur an den Festtagen aus dem Schrank kam. Der dreieckig geformte Teller, auf den ein Weihnachtsbaum geprägt ist, war nicht teuer. Er ist noch nicht einmal besonders hübsch, aber für mich ist er besonders. Viele Festmahlzeiten wurden auf diesem Teller schon serviert – mein traditioneller gebratener Truthahn, Schinken in Ahornsirup und Schweinelende mit Sauerkraut. Mit dem geschenkten Teller brachte Rick zum Ausdruck, dass ich, auch wenn ich keine Meisterköchin bin, ein leckeres Mahl für Freunde und Familie zubereiten kann.

Nick massiert meine Schläfen.

„Lehn dich zurück. Entspann dich und genieße", sagt er.

Die Aufmerksamkeit meines Sohnes erhöht meine Anspannung, statt sie zu senken. Als Kenny Loggins Stimme auf der Anlage „Danger Zone“ anstimmt, weiß ich: Es ist Zeit, das wörtlich zu nehmen.

„Was geht hier vor?“, frage ich.

Nick lacht, hält mit der Massage inne und nimmt einen Bissen von dem Schokoladenkeks. Er überreicht mir den Briefumschlag und ich erinnere mich wieder an heute Morgen.

„Ich habe eine Weihnachtswunschliste geschrieben“, verkündet er feierlich.

In dem Umschlag steckt ein vierseitiges Schriftstück, und das darauf Notierte hat mein Sohn in Kategorien sortiert. Die Videospiele, die Musik und das Fahrrad sind entgegen meiner Erwartung jedoch nicht aufgelistet.

„Du möchtest fünf Liter Wandfarbe zu Weihnachten?“ Ich sehe Nick irritiert an.

„Ich möchte unbedingt in ein anderes Zimmer ziehen“, sagt er. „Es gibt genug Platz im Keller, neben Bens Zimmer. Man muss es nur etwas auf Vordermann bringen.“

Mein erster Gedanke: *Das geht auf keinen Fall.* Aber ich atme tief ein und entscheide, ihn erst mal zu Ende anzuhören.

„Woher kommt denn diese Idee?“, will ich wissen.

„Von den Geschenken.“

Ich nehme mir wieder fest vor, die anonymen Engel ausfindig zu machen.

„Ich hatte Megan doch gesagt, dass ich ihr nicht helfen würde, die Weihnachtskisten hochzuholen“, sagt er. „Aber durch all die

Geschenke, die in den letzten Tagen bei uns angekommen sind, habe ich meine Meinung geändert. Als ich das Licht unten im Keller angemacht habe, wusste ich plötzlich, dass es da unten für mich perfekt ist."

Ich bin noch nicht sicher, was ich ihm antworten soll, und entscheide mich, mich erst mal seiner Weihnachtswunschliste zu widmen. Ich beginne auf der ersten Seite. Dort sind Farbe und Utensilien zum Renovieren notiert. Nick hat in eine zweite Spalte auch die ungefähren Kosten geschrieben, sowie den Laden, wo man die Dinge am günstigsten kaufen kann.

Ich habe schon mal eine ähnliche Liste gesehen, nicht genau so, aber ähnlich. Rick hat mir eine gegeben, bevor er die Regalbretter in den Wohnzimmerschrank eingebaut hat. Ich hatte ihn gebeten, das Projekt bis nach den Ferien zu verschieben, aber wie gewöhnlich hat er seinen Charme spielen lassen, um mich umzustimmen. Ich werde bei Nick nicht so nachgiebig sein.

Die zweite Seite der Liste widmet sich dem Thema „neue Möbel".

„Ich möchte nicht mehr auf einem Wasserbett schlafen. Es war für Papa nicht gut, und für mich ist es das auch nicht."

Auf der nächsten Seite sind weichere Utensilien aufgelistet: neue Bettdecke, neue Kissen. Auf der letzten Seiten lese ich: „Entscheidende, aber für Weihnachten optionale Geschenke", von denen Nick meint, dass sie auch bis zu seinem Geburtstag im April warten könnten oder noch länger, je nach Kosten.

„Ein Computer und ein Fernseher?", sage ich und bin erstaunt über seine Kühnheit. „Wie wär's, wenn ich noch einen Whirlpool und einen Mini-Kühlschrank spendiere?"

Nick findet das nicht lustig.

„Ich bin fast ein Teenager", antwortet er. „Ich kann in diesem kleinen Zimmer nicht mehr funktionieren."

Nick hat das kleinste Zimmer im Haus. Es war ursprünglich das Babyzimmer. Damals, als wir nach Bellbrook zogen, war Ben fast ein Jahr alt. In dieser Zeit benutzten wir den Keller als Trainingsraum, stellten meinen Hometrainer dort auf sowie Ricks Gewichte. Der Raum war schlecht beleuchtet, hatte Betonwände, aus denen die rosafarbene Isolierung rausguckte, und der einzige Heizkörper wärmte nicht wirklich.

Als Nick geboren war und zwei Jahre später Megan, sprachen Rick und ich darüber, dass wir unbedingt den Keller fertigstellen wollten, aber mein Mann arbeitete fünfundfünfzig Stunden die Woche und war nicht besonders motiviert für eine Renovier-Aktion. Als Megan vier Jahre alt war und ich zurück an die Universität ging, um dort meinen Bachelor zu machen, entwickelte Rick Pläne für einen Hobbyraum für alle Kinder und ein Schlafzimmer für unseren Ältesten, damit er das Etagenbett nicht mehr mit seinem kleinen Bruder teilen musste. Weil ich abends noch Vorlesungen hatte, brachte Rick die Kinder ins Bett, und arbeitete dann im Keller. Er baute Gipskartonwände ein, verlegte Teppiche und strich die Wände. Als Ben schließlich nach unten zog, schlug Nick vor, sein Zimmer mit dem von Megan zu tauschen, also in das kleinste Zimmer zu ziehen. Weniger zu putzen, argumentierte er.

So strichen wir das größere Schlafzimmer knallpink und das kleinere neongrün, Farben, die Rick die Kinder aussuchen ließ.

Unser mittleres Kind war immer unser Technik-Freak gewesen, so malte sein Vater für ihn die Konstellation der Gestirne an die Decke – mit Farbe, die im Dunkeln leuchtete. Die mühsame Aufgabe dauerte Wochen, denn Rick bestand darauf, dass der Sternenhimmel korrekt und maßstabsgetreu wiedergegeben werden müsse. Als die Zimmerdecke fertig war, blickten Vater und Sohn von Nicks Bett aus in den „Himmel", so lange, bis die Sternbilder auf der dunklen Decke langsam verblassten.

„Es ist vielleicht das kleinste Zimmer, aber es ist besonders", hatte Rick gesagt.

Ich kann mir Nick in keinem anderen Zimmer vorstellen. Mein Hirn sucht hektisch nach Gründen, warum der Umzug in den Keller für Nick keine gute Idee ist, und mir kommt ein wichtiger Grund in den Sinn. „Hast du es schon deinem Bruder erzählt?"

Nick schüttelt zögernd den Kopf. „Nein. Daran hab ich noch nicht gedacht."

Meine beiden jüngeren Kinder haben den Hobbyraum seit dem Tod ihres Vaters hauptsächlich ihrem älteren Bruder überlassen und vermieden so Zusammenstöße mit Ben und seinen Freunden, die den Ort für sich beanspruchen. Ich möchte nicht, dass Nick einen Gebietskampf beginnt. Andererseits könnte die räumliche Nähe auch Nicks Beziehung zu seinem älteren Bruder stärken. Ich bin hin- und hergerissen.

„Wir können darüber nach Neujahr reden", sage ich.

Wie es seiner Art entspricht, beharrt Nick auf seiner Idee. „Das ist alles, was ich mir zu Weihnachten wünsche, Mama. Ein neues Zimmer. Das ist alles, was ich möchte.“

Ich reiche ihm den leeren Teller. „Ich hab es verstanden, Nick. Ich sage nicht Nein, ich sage: nicht *jetzt*.“

Nick stellt den Teller auf den Küchentresen, und er beginnt sich zu drehen. Wir springen beide hinzu, um ihn zu halten, aber er rutscht uns weg und fällt scheppernd auf den Boden. Nick wird blass und beginnt sofort, die Scherben einzusammeln.

„Es tut mir leid, Mama, es tut mir so leid.“

Ich höre die Entschuldigung nicht. Die Worte der beiden Mütter im Supermarkt hallen wie ein Echo in meinem Kopf: „Die Familie fällt auseinander, fällt auseinander, fällt auseinander.“ Ihre verletzenden Worte mischen sich mit der Notiz auf Ricks Zettel: *Weihnachten wird besonders sein.*

Die Tränen, die ich zwei Monate lang zurückgehalten hatte, brechen jetzt unkontrolliert aus mir heraus. „Alles ist zerbrochen! Wir sind zerbrochen!“

Mein Ausbruch bewirkt, dass Nick in sein Zimmer flieht – sein kleines, grünes Zimmer mit den Sternen an der Decke. Ich sammle die Stücke mit tränenverschleiertem Blick auf und schneide meinen Finger an einer Scherbe.

Auf dem Boden hockend denke ich nach und beobachte, wie das Blut von meinem Finger auf die Tellerscherben tropft. Ich bin an diesem Morgen mit dem Gefühl aufgestanden, dass ich gut durch diesen Tag gehen kann, doch ich habe mich durch diese beiden Frauen im Supermarkt zu Fall bringen lassen.

Doch wenn Megan glaubt, dass wir nicht angeschlagen sind, und wenn Nick einen Weg findet nach vorn zu gehen, dann kann ich das auch! Rick hatte gewollt, dass dieses Weihnachten besonders wird, und ich bin hier diejenige, die seinen Wunsch erfüllen kann.

„Tu, was du kannst“, sage ich zu mir selbst.

Das Ärgernis auf dem Küchenfußboden ist schnell beseitigt.

Mit neuem Mut begebe ich mich nach unten, um mir ein Bild der Lage zu machen. Der Sportraum steht voller leerer Kisten, aber es gibt einen engen Pfad, der zu Bens Keller-Rückzugsraum führt. Als ich das Licht anmache, erwacht sein Zimmer zum Leben. Der Fernseher geht automatisch an – auch der Ventilator. Ricks beigefarbener Mantel liegt neben dem Bett auf dem Fußboden. Eine Plastiktüte der Billigwarenkette *Dollar Tree* lugt aus seiner Tasche heraus. Ich kann nicht anders als reinzuschauen. Es ist kein Alkohol drin, kein Gras, keine Zigaretten. In der Tüte befinden sich ein Schaumstoffball und ein kleiner Basketballkorb, den man mit Plastiknoppen an der Wand befestigen kann, sowie zwei in Folie eingeschweißte Comics. Weihnachtsgeschenke für Nick und Megan?

Es reicht, um jede weitere Suche abzubrechen. Nur mein Schuldgefühl geht mit mir aus dem Zimmer. Monatelang hab ich argwöhnisch auf Bens Aktionen geschaut, habe skeptisch sein spätes Nachhausekommen beobachtet, und ihn verdächtigt, irgendetwas Illegales zu tun. Jetzt weiß ich, wofür das Geld für den Supermarkt verwendet wurde. Kauft er Weihnachtsgeschenke für seine Geschwister, weil er weiß, dass ich es nicht tue?

Das war für mich ein Tag mit vielen Lektionen. Nein, ich will eigentlich keine Lektionen lernen, aber in meinem Herzen weiß ich, dass ich es muss.

Ich verbringe eine Stunde im Fitnessraum und suche nach einem guten Grund, warum Nick dort nicht einziehen sollte, einem logischen Grund, den er ohne Widerworte akzeptieren wird. Da stehen Plastikkörbe mit zu klein gewordenen Kleidern und kaputtem Spielzeug, Bündel mit alten Zeitungen sowie die Kartons mit den Überbleibseln von Ricks Büro: Bleistifte, Kugelschreiber, Familienfotos. Alles ist ummantelt mit einer Lage Luftpolsterfolie. Kisten mit Ricks Schallplattensammlungen sind in der Ecke aufeinandergestapelt, genauso, wie er sie dort hingestellt hat, nachdem er unsere Lieblingsschallplatten durch CDs ersetzt hat. Ich gehe sie durch und lege einige beiseite, um sie Ben zu zeigen, der den Musikgeschmack seines Vaters geerbt hat. Dieses Zimmer ist voller Erinnerungen, die irgendwo einen neuen Platz finden müssten, wenn hier Nicks Zimmer entstünde, aber vielleicht ist das nicht die schlechteste Idee.

Es klingelt an der Haustür. Als ich das Wohnzimmer erreiche, rennt Nick die Einfahrt hoch, mit einer Geschenktüte in der Hand.

Er kommt aufgeregt ins Haus zurück, aber zögert, als er mich sieht. Ich vermute, dass er rausfinden will, ob mein Ausbruch inzwischen Orkanstärke erreicht oder alles sich beruhigt hat. Die Wahrheit ist, dass ich irgendwo dazwischenstehe, aber ich schaue freundlich und deute ihm an, sich neben mich aufs Sofa zu setzen.

„Ich hab das Auto nicht erkannt“, sagt er etwas atemlos.

Er zieht Geschenkkarten mit Engelmotiven aus der Geschenktüte und reicht sie mir. Dann sieht er meinen verbundenen Finger. „Was ist denn passiert?“

„Nur ein kleiner Schnitt. Ich war etwas ungeschickt.“

„Mama …“, seufzt er.

„Alles okay“, sage ich. „Lass mal sehen, ob wir einen Hinweis auf unserer fünften Weihnachtskarte finden.“

Wir vergleichen die neue Karte mit den ersten Nachrichten von unseren Weihnachtsboten.

„Diese hier ist ganz anders, irgendwie einfacher“, bemerkt Nick. „Es sieht nicht so aus, als ob sie von derselben Person stammt wie die anderen Karten.“

„Ja, du könntest recht haben“, stimme ich ihm zu.

Es gibt keine handgezeichneten Tannenzweige oder Verzierungen an den Rändern. Die Karte besteht aus grüner Pappe, die am Rand mit einer Zackenschere beschnitten wurde.

„Das Datum steht oben. Das ist neu“, sagt Nick. „Und der Text ist in Druckbuchstaben geschrieben, nicht von Hand.“

Die Botschaft auf der Karte ähnelt der auf den ersten vier Karten:

17.12.1999
Am fünften Weihnachtstag
schenken euch
eure wahren Freunde
fünf Engel-Geschenkkarten

vier Geschenkschachteln
drei Rollen Geschenkpapier
zwei Tüten Schleifen
und
einen Weihnachtsstern.
Euch allen.

„Wer macht das für uns?", frage ich laut, nicht zu Nick, sondern in Richtung Himmel. Hatte Gott hier vielleicht seine Finger im Spiel?

Nick zuckt mit den Schultern. „Der Weihnachtsmann? Das Christkind?"

Unser Gespräch verstummt, bis Nick den Stapel Schallplatten entdeckt, den ich aus dem Keller hochgebracht habe. Er faltet seine Hände, so, als würde er beten, und formt dann mit den Lippen das Wort *bitte*. Aber auf seinem Gesicht breitet sich schon ein Grinsen aus, und ich weiß, dass er weiß, dass er die Sache gewonnen hat.

Es fühlt sich gut an, meinen Sohn lächeln zu sehen. Aus mir sprudeln die Worte raus, noch bevor ich sie überhaupt überdenken kann: „Wir müssen aufräumen, alles völlig ausräumen; und streichen." Während ich dies sage, spüre ich die Last von Weihnachten auf meinem Brustkorb. Jetzt jedoch kann ich mich zumindest an Nicks leuchtenden Augen erfreuen – als ihm klar wird, dass er das Geschenk bekommt, das er sich wünscht.

„Du musst nichts tun", insistiert er. „Überlass es mir."

Wir laufen die Kellertreppe hinunter, diesmal gemeinsam.

6
Der sechste Weihnachtstag

Ich wache mit schmerzenden Muskeln auf, weil ich gestern Abend noch einen Haufen Gerümpel im Keller sortiert habe. Aber zum ersten Mal seit Monaten habe ich ein gutes Gefühl bei alldem, was wir bis jetzt geschafft haben. Nick und ich haben Teile des Hobbyraums entrümpelt – mit nur einer kurzen Pause, um Megan vom Basketball-Training abzuholen und ein paar *Chicken Wings* zu verschlingen. Nicht das, was sich die meisten Kinder unter einem gelungenen Freitagabend vorstellen, aber mein Sohn war ganz auf die neue Herausforderung konzentriert. Gegen Mitternacht hatten wir dreizehn Mülltüten gefüllt sowie vier Kisten mit Kleidung, die wir zur Altkleidersammlung geben wollten. Alles in allem hatten wir etwa ein Viertel des Raumes ausgeräumt.

Während Nick und ich sortierten, brachte Megan die Weihnachtskisten nach oben, unter dem Vorwand, sie uns aus dem Weg zu räumen. Als wir zu Bett gingen, hatte sie das Haus in ein etwas chaotisch wirkendes Weihnachtswunderland verwandelt.

Schlitten, Schneemänner, Krippenfiguren und Lichterketten auf jedem leeren Zentimeter Regalfläche, ausgenommen dem Keller.

„Wenn du mit dem Streichen fertig bist, werde ich auch hier unten für Weihnachtsatmosphäre sorgen", versprach sie ihrem Bruder, bevor wir ins Bett gingen.

Am Morgen faulenze ich etwas auf der Couch und entspanne meine Muskeln, bevor ich mir den Keller erneut vornehmen will. Da klingelt Charlotte an der Tür und lässt sich anschließend selbst rein. Ich vermute, sie kommt, um sich danach zu erkundigen, ob meine Weihnachtseinkauf-Aktion erfolgreich war – oder um die gescheiterte Unternehmung aufzudecken.

„Irgendwer zu Hause?", ruft sie.

Als ich ihre Schritte auf der Treppe höre, ziehe ich eine Decke über meinen Kopf. Meine Schwägerin kommt ins Wohnzimmer. „Um Himmels willen, Jo, weißt du, wie spät es ist?"

„So um die Mittagszeit rum?", antworte ich.

Charlotte schlägt die Hände über dem Kopf zusammen. „Mädchen, du kannst dich doch nicht vor Weihnachten verstecken!"

Sie läuft im Zimmer umher, bemerkt die zusammengewürfelte Weihnachtsdekoration und errät, dass meine Tochter mehr damit zu tun hatte als ich.

„Du kannst nicht erwarten, dass Meggie die Weihnachtsvorbereitungen ganz allein in die Hand nimmt."

„Ich war lange auf, um an Nicks Geschenk zu arbeiten", sage ich zu meiner Verteidigung.

„Hast du das Fahrrad gekauft?", fragt sie. In ihrem Tonfall liegt eine leichte Spur von Strenge.

„Noch nicht", gebe ich zurück.

„Videospiele?"

„Nein."

„Was hast du ihm denn gekauft?"

Ich erzähle Charlotte von unserem Plan, Nick im Keller ein Zimmer einzurichten, und sage ihr, warum wir uns mit dem Projekt beeilen müssen.

„Stimmt, wenn Nick sich etwas in den Kopf gesetzt hat, kann man ihn nicht umstimmen", meint Charlotte und schüttelt nachdenklich den Kopf. „Er ist wie sein Vater. Rick hat sich auch immer exakt vor Weihnachten ein Projekt vorgenommen, wenn ich mich recht erinnere – und du warst nie besonders begeistert darüber."

„Ich bin auch jetzt nicht sonderlich erfreut, aber Nick und unsere anonymen Weihnachtsengel haben mich rumgekriegt."

„Habt ihr noch ein Geschenk bekommen?", fragt Charlotte interessiert.

Ich hole die fünf Geschenkkarten mit den Engeln aus der Küche und zeige sie ihr. „Wenn du irgendetwas darüber weißt, sag es mir bitte. Nick behauptet, die Geschenke inspirierten ihn, Megan zu helfen, die Weihnachtskartons aus der Versenkung zu holen. Dabei kam ihm die Idee, in ein anderes Zimmer zu ziehen. Ehrlich gesagt entwickeln diese Geschenke so langsam ein Eigenleben, und ich bin mir nicht sicher, ob ich das gut finden soll."

„Wenn diese kleinen Geschenke deinen Kindern helfen, mit allem besser fertig zu werden, wo ist dann das Problem?", will Charlotte wissen.

Ich habe darauf keine Antwort.

„Hilfe kommt oft in unterschiedlichen Verpackungen, Jo", sagt sie. „Zerbrich dir nicht den Kopf, wer sie liefert. Akzeptiere es einfach."

Charlotte schaut mich beherzt an. Ihre Worte sind wie eine Bedienungsanleitung, die in einer Sprache geschrieben ist, die ich so langsam zu verstehen beginne. Mein Kopf sagt mir: All die Informationen, die ich brauche, um zurechtzukommen, sind genau da zu finden. Ich möchte das alles in mich aufsaugen und glauben, aber ich bin noch nicht bereit dazu.

„Ich brauche niemanden, der meine Kinder durcheinanderbringt. Megan ist überzeugt, dass wir gerade eine Art Weihnachtswunder erleben, und jetzt noch diese Sache mit Nick."

„Wie sieht es mit Ben aus?", forscht Charlotte nach.

„Er redet immer noch nicht mit mir." Ich seufze.

Meine Schwägerin kommt einen Schritt auf mich zu und umarmt mich. „Die Weihnachtszeit wird vorübergehen, die Geschenke werden aufhören, und du wirst herausfinden, wie du mit deinem Leben weitermachen kannst."

Ich mache mich wieder los und sage ihr, dass ich einfach versuchen würde, die nächsten sieben Tage zu überleben.

Charlotte ordnet eine Krippenszene auf dem Bücherregal, stellt Maria, die bei einem der Heiligen Drei Könige steht, zu Joseph, und wendet sich mir dann wieder zu.

„Hör auf zu versuchen, die Wunderfrau zu sein", sagt sie. „Ich bin auf dem Weg zum Einkaufszentrum. Was kann ich tun, um dir zu helfen?"

Ich bin in der Versuchung, ihr Angebot anzunehmen. Schließlich sage ich: „Nick will einen Fernseher, einen Computer mit einem Riesenbildschirm und ein neues Bett."

Charlotte lacht. „Das klingt sehr nach unserem Nicky. Ich dachte mehr in Richtung Lego", sagt sie und läuft nach oben, um Nick und Megan zu wecken. „Ich werde schon rausfinden, was sie sich wünschen."

Ich folge Charlotte nach oben, um zu duschen, während sie mit den Kindern redet. Ich bin froh, ein paar Minuten für mich zu haben. Ein Teil von mir weiß, dass sie recht hat. Was wäre so schlimm daran, wenn ich mich um der Kinder willen auf Weihnachten einlassen würde? Würde ich Rick damit Unrecht tun? Oder würde er gerade wollen, dass wir Weihnachten feiern? Ich spiele beide Szenarien in meinem Kopf durch. Ich bin so verwirrt. Rick hatte versprochen, dass wir zusammen alt werden. Er hat uns verlassen, mich verlassen. Aber er ist der einzige Mann, der mich je hat spüren lassen, dass ich wirklich geliebt bin – neben meinem Vater. Ich bin nicht sicher, ob dieser Impuls, den ich kürzlich in mir gespürt habe – mich zusammenzureißen und nach vorn zu schauen, natürlich ist, oder ob ich ihn irgendwie damit betrüge.

Hinter der Sicherheit der Badezimmertür kann ich Charlotte mit Nick und Megan reden und lachen hören. Ich setze mich auf den Badezimmerboden, lehne mich gegen die Tür und lausche. Wenn Charlotte da ist, bin ich wie ein Stammkunde im Kino. Ich kann Beobachter sein – statt Teil der Handlung sein zu müssen.

Bei uns daheim wurde das Schreiben des Wunschzettels nie dem Zufall überlassen. Schöne Sachen zu bekommen hieß: dranbleiben, Geduld haben und stundenlang die Versandhauskataloge zu studieren. Jedes Mal, wenn ein neuer Katalog zu Hause ankam, umringten mich meine Kinder und wollten ihn sofort haben.

„Will denn niemand neben mir sitzen?“, sagte ihr Vater dann mit gespielt beleidigter Miene – und wusste, dass in dem Moment seine väterliche Anziehungskraft gegen die Konkurrenz der bunten Glanzseiten nicht ankam.

Die Kataloge waren dieses Jahr ohne jegliche Eselsohren gleich im Altpapier gelandet.

Nick überzeugt Charlotte davon, dass er für sein neues Zimmer eine Nebelmaschine und Leuchtposter bräuchte, natürlich noch zusätzlich zu den Dingen auf der Wunschliste, die er mir gegeben hat. Megan sagt, sie wünscht sich nur eins: einen Weihnachtsbaum. Es sei nicht dasselbe, wenn wir keinen hätten.

Der Schleier der Traurigkeit, der sich gestern, als Nick und ich im Keller gearbeitet haben, etwas lichtete, will sich wieder zuziehen, aber diesmal schiebe ich ihn entschlossen von mir weg.

Ob wir bereit sind oder nicht: Weihnachten wird kommen.

Zwanzig Minuten später komme ich geduscht und angezogen aus dem Badezimmer. Charlotte sitzt im Wohnzimmer und wartet auf mich.

„Was hast du heute Abend vor?", fragt sie.

„Nichts weiter", murmele ich.

„Wir werden den Kindern einen Weihnachtsbaum kaufen – und sag jetzt nicht Nein. Ich hol euch um sieben ab. Sag Nick und Meg, dass sie sich warm anziehen sollen. Bitte Ben mitzukommen. Er kann den Baum tragen. Okay?"

Meine Schwägerin steht entschlossen auf, noch bevor ich einen Grund dafür finde, dass es heute Abend nicht geht. In Wahrheit bin ich dankbar, dass sie mir die Entscheidung abgenommen hat. Sie hat recht. Ich will Megan und auch meine beiden Jungs nicht enttäuschen. Wenn Charlotte die Verantwortung für den Ausflug übernimmt, werden wir den größten, üppigsten Baum in der Stadt bekommen – und wahrscheinlich für weniger Geld, als die meisten anderen zahlen würden. Ich frage mich, ob ich sie dazu überreden kann, den Baum auch zu schmücken, wenn wir zurückkommen.

Ben kommt aus dem Keller, gerade als Charlotte mit ihrem Bus rückwärts aus der Einfahrt fährt. „Was geht hier ab?", fragt er.

Es ist Zeit, ihn über den Umzug seines Bruders zu informieren.

„Dein Bruder hat seit dem Tod seines Vaters sehr zu kämpfen. Er braucht eine Veränderung. Wir räumen das vordere Kellerzimmer aus und machen daraus ein Zimmer für ihn." Ich wappne mich gegen Widerstand.

Ben setzt sich neben mich und legt seinen Kopf gegen die Couch. Das erste Mal seit Monaten sieht er mir in die Augen, und ich sehe den kleinen süßen Jungen, der einst den Weihnachtsmann darum bat, ihm ein Geschwisterchen in den Weihnachtsstrumpf zu stecken.

„Das ist eine gute Idee", sagt er schließlich zu meiner Überraschung. „Ich kann mir nicht vorstellen, wie es ist, da oben zu schlafen. Ich gehe noch nicht mal gern rauf, um zu duschen."

Während ich schweigend dasitze und mich über die Tatsache wundere, dass mein Sohn mit mir kommuniziert und Anteil am Ergehen seines jüngeren Bruders nimmt, rollt er ein weiteres Thema auf: „Was ist mit Megan? Wird sie damit klarkommen, alleine oben zu schlafen?"

„Sie weiß schon Bescheid und hat nichts dagegen."

„Das hat sie nie", sagt Ben, und ich muss zugeben, dass er recht hat.

„Vielleicht sollten Meg und Nick beide für eine Weile nach unten ziehen", überlegt mein Großer. „Nur für ein paar Monate, bis du wieder bereit bist, im Schlafzimmer oben zu schlafen."

„Es würde dir nichts ausmachen, wenn beide bei dir unten sind?", frage ich nach.

Ben zögert einen Moment. „Nun, es würde mir nicht so supergut gefallen, aber ich würde das verstehen", sagt er.

Er ist so verständnisvoll. Ich entschließe mich, mein Glück weiterzustrapazieren. „Heißt das, du hilfst uns heute beim Ausräumen des Hobbyraums?"

Ben grinst, aber nickt fast unmerklich. Deshalb stelle ich noch eine weitere Frage. „Charlotte fährt mit uns heute raus, um einen Weihnachtsbaum zu besorgen. Kommst du mit?“

Meine Frage dämmt die gute Stimmung wieder.

„Ich werde alles für dich tun, Mama, aber das nicht. Lass mich bei den Weihnachtsvorbereitungen außen vor.“

Ich fühle mich so wie damals an Bens viertem Geburtstag, als er so aufgeregt wegen eines Geschenks war, das er für mich gebastelt hatte, dass er das Geschenk gleich selbst auspackte. Seine Augen hatten gestrahlt, als er mir den roten Schal überreichte, den er mit einer Kinderschere aus meinem allerschönsten Kleid geschnitten hatte. „Ich habe ihn für dich gemacht“, hatte er gesagt. Welche Mutter kann solcher Liebe widerstehen?

Jetzt bietet er mir das nächste Geschenk an, den ersten wirklichen Liebesbeweis seit dem Tod seines Vaters. Aber auch dieses Geschenk schneidet wie die Schere durch das Lieblingskleid. Ich mache mir Sorgen um die Wut, die er in sich birgt, bin aber erleichtert, dass sie nicht gegen mich gerichtet ist.

Als ich gestern die Weihnachtsgeschenke für seine Geschwister fand, dachte ich, dass er vielleicht auf seine Art mit der Weihnachtszeit Frieden geschlossen hätte. Jetzt weiß ich, dass er noch einige Meilen zurücklegen muss.

Ich dränge ihn jedoch nicht; ich weiß ziemlich gut, wie er sich fühlt, und ich bin froh, dass ich meinem Sohn etwas Entlastung von dem ganzen Weihnachtsbrimborium verschaffen kann, dem ich jedoch wohl nicht entkommen kann. Ich führe die Unterhaltung wieder zum Kellerprojekt zurück.

Wir hören ein Murmeln und sehen Nick und Megan auf den Stufen sitzen.

„Wir werden also Zimmernachbarn?", fragt Ben seinen jüngeren Bruder.

„Ich werde dir nicht im Weg sein", brummelt Nick.

„Ich weiß, das würde ich auch nicht genehmigen", kontert mein Großer.

Ich beende die Unterhaltung meiner Kids mit einem Wort: „Frühstück!" Wir vier essen im Hobbyraum, und währenddessen nehmen wir alles in den Blick, was noch getan werden muss, um diesen Ort bewohnbar zu machen.

„Ich bin dafür, dass wir alles rauswerfen und dann von vorne beginnen", sagt Ben.

„Wir könnten allen Krempel in Mülltüten stopfen und sie für die Müllabfuhr nach draußen stellen", sagt Nick. „Dann wären wir ganz schnell fertig."

Ich werfe Nick einen ernsten Blick zu.

„Lass uns alles für irgendeine Hilfsorganisation in die Ecke da drüben stellen. Der Müll kommt an die Treppe, dann können wir ihn nach und nach rausbringen", sage ich. „Wenn es irgendetwas gibt, das wir behalten wollen, müssen wir gleich dafür einen neuen Ort finden oder es wird auch rausgeworfen."

Wir verbringen den frühen Nachmittag mit Sortieren. Meine Kinder wollen einige Gegenstände aus Ricks Büro haben, die in mehrere Lagen Luftpolsterfolie eingepackt sind. Ben will einen Schlüssel aufheben, ein Geschenk von Werkzeugmacherkollegen für Rick, als er den Sprung ins Management schaffte. Nick nimmt sich Druckbleistifte und Metall-Lineale. Megan greift sich das Familienfoto, das auf dem Schreibtisch ihres Vaters stand. Was übrig ist, sortieren wir in zwei Stapel – für die Hilfsorganisation „Goodwill“ und für ein Frauenhaus. Wir arbeiten still nebeneinanderher; zwischendurch unterbrechen die Kinder immer wieder mal ihre Arbeit und lassen ein paar Kammern der Luftpolsterfolie platzen, als ob es eine Art Therapie wäre. Jedes Mal, wenn es zu still wird im Zimmer, ertönt ein paarmal das knallende Geräusch. Die Kinder kichern daraufhin. Es ist schon länger her, seit ich das letzte Mal mit meinen Kindern herumgealbert habe. Ich hoffe, dass es wie Fahrradfahren ist, und dass ich es später wieder richtig kann.

„Versuch du es mal“, ermutigt mich Nick und bietet mir ein Stück der Knallfolie an. „Es macht süchtig.“

„Wie wär's, wenn wir sie wegschmeißen?“

„Ich denke, es könnte gesetzeswidrig sein, gute Luftpolsterfolie einfach in den Müll zu werfen“, antwortet Nick und akzentuiert seine Worte mit einem lauten Knallen.

Da alle von uns mit anpacken, dauert es nur ein paar Stunden, den Kellerraum freizuräumen. Ich fülle Putzeimer mit Seifenlauge und hole Wischlappen, aber ich überlasse die Aufgabe den Kindern.

„Welche Wandfarbe sollen wir kaufen?“ Ich richte meine Frage an Nick, aber er und Ben antworten gleichzeitig.

„Schwarz“, sagen sie und sehen dabei wie Verschwörer aus.

„Steht nicht zur Diskussion. Wie wär's mit weiß?“, frage ich.

Ben nickt und wirft mir ein „Okay“ zu.

Ich fahre also zum Baumarkt, um Farbe zu besorgen. Als ich zurückkomme, hat sich jeder alte Klamotten angezogen, und der Teppich ist mit großen Tüchern abgedeckt.

„Also los", sagt Nick und taucht seine Farbrolle in den Eimer.

Gegen achtzehn Uhr erstrahlen die Wände in frischer Farbe. Ben, Megan und ich hören auf und gehen uns waschen. Nick macht die letzten Handgriffe allein.

Ich bin selbst überrascht darüber, wie schnell die Sache gediehen ist. Und ich spüre, dass es sich wunderbar anfühlt, wenn alle an einem gemeinsamen Projekt arbeiten. Ich flüstere ein Dankgebet und danke im Stillen auch unseren anonymen Engeln. Ich denke, dass wir so vielleicht die Feiertage überstehen werden. Wer braucht schon all den Weihnachtsrummel und die Geschenke? Wir haben einander. Das ist alles, was wir brauchen.

Der Tag war so trostreich, dass ich darüber nachdenke, Ben noch mal zu fragen, ob er heute Abend nicht doch mitkommen mag. Megan steht am Wohnzimmerfenster, hält Ausschau nach ihrer Tante Charlotte und denkt laut über die Vorzüge von langnadeligen Kiefern nach. Als sie Ben nach ihrer Meinung fragt, verwandelt er sich wieder in meinen stillen, schlecht gelaunten Sohn.

Charlotte kommt genau um sieben, als Ben gerade mit quietschenden Reifen den roten Nissan rausfährt.

„Wohin fährt er so eilig?", fragt Charlotte. „Kommt er nicht mit uns?"

Ich schüttele den Kopf. „Nein, er kommt nicht mit."

„Hast du ihn gefragt?“, hakt meine Schwägerin nach.

„Natürlich hab ich das“, gebe ich leicht angepikst zurück.

Charlotte seufzt und zieht die Augenbrauen hoch. „Was machen wir bloß mit dem Jungen?“

Sie erwartet keine Antwort auf ihre Frage, doch ich gebe sie ihr. „Er hat im Keller mitgeholfen. Wir haben die Wände schon mal mit dem ersten Anstrich versehen.“

„Das ist ein Fortschritt“, nickt Charlotte anerkennend und erkundigt sich dann nach Nick.

„Ich bin hier unten“, brüllt Nick aus dem Keller zu uns hoch. „Komm und sieh es dir an.“

Charlotte geht die Treppe runter und stößt in Nicks neuem Zimmer auf eine Gestalt, die über und über mit weißen Farbspritzern übersät ist und so aussieht, als wäre sie in einen Schneesturm geraten.

„Ich wollte die Wände schwarz streichen, aber Mama hat es nicht erlaubt“, sagt Nick.

„Gute Entscheidung“, sagt Charlotte lächelnd. „Zieh dich schnell um, mein Junge, wir holen einen Baum.“

Wir klettern in Charlottes Wagen und fahren zum Baumgrundstück der Pfadfinder im Zentrum von Bellbrook. Ich frage mich, ob sich der Pfadfinderleiter an mich erinnert. Doch die Sorge ist unbegründet.

Der Platz ist dunkel und die Baumständer sind fast leer.

„Neulich waren hier noch Dutzende von Bäumen“, sagt Megan besorgt. „Was, wenn wir keinen finden?“

„Wir werden einen finden“, versichert ihr Charlotte.

Wir fahren weiter nach Kettering und halten an Meiers Gartenzentrum. Eine Weißfichte, der einzige Baum dort, sieht aus, als ob sie seit Wochen dort gegen den Zaun gelehnt steht. Die Zweige auf einer Seite sind völlig platt.

„Kein Problem“, sagt Charlotte. „Wir stellen diese Seite an die Wand. Dann nimmt der Baum nicht so viel Platz weg.“

Eisregen setzt ein. Nick und ich wollen schnell vor dem Wetter fliehen, aber Megan und Charlotte sind entschlossen, den Kauf zu tätigen. Wir gehen in den Laden und suchen einen Verkäufer. Er holt den Baum für uns und versucht die zerdrückten Zweige auszuschütteln. Doch sie rühren sich nicht.

„Eingefroren“, sagt er. „Warten Sie ein, zwei Tage, sie falten sich wieder auf.“

„Wir nehmen ihn“, sagt Charlotte und gibt dem Angestellten einen Zwanzig-Dollar-Schein, obwohl der Baum fünfunddreißig Dollar kosten soll. „Erbärmliches Ding, kein anderer wird ihn kaufen“, sagt sie zum Verkäufer. Dann wendet sie sich an Nick: „Mein Junge, hilf dem jungen Mann, den Baum aufzuladen.“

Zusammengerechnet dauert der Weihnachtsbaumkauf gerade mal zehn Minuten.

„Das ist ein Rekord“, sagt Charlotte.

Expeditionen zum Weihnachtsbaumkauf waren mit Rick immer ausufernd gewesen. Er erkundigte sich zuerst bei Kollegen nach einem Verkaufsplatz oder einer Farm, die einigermaßen vernünftige Preise anboten, und plante dann unseren Ausflug. Dieser begann dann immer am Sonntagmorgen damit, dass wir ein Picknick für die Mittagszeit vorbereiteten, das wir dann später in unserem Kleinbus aßen.

Wir fuhren Dutzende Kilometer, um den perfekten Baum zu finden, und hielten sogar einmal nach Einbruch der Dunkelheit an, um eine Kiefer an einer entlegenen Landstraße zu fällen, nachdem mein Mann die Farm, nach der wir suchten, nicht gefunden hatte. Er wollte die Kinder nicht enttäuschen. Weil Rick sich danach schuldig fühlte, bestand er darauf, im Frühjahr zurückzukommen und an der Stelle ein neues Bäumchen zu pflanzen.

Einen Weihnachtsbaum innerhalb von wenigen Minuten zu kaufen, schien mir ganz und gar unnatürlich, aber das eisige Wetter ließ jede Beschwerde gefrieren.

Die Kinder sind glücklich. „O Tannenbaum, o Tannenbaum, ich bin so froh, dass Tante Charlotte dich fand, das ist ein Traum“, singt Megan auf dem Weg nach Hause. „Es ist der schönste Baum!“, stellt sie fest.

Als wir uns unserem Zuhause nähern, weihen Nick und Megan ihre Tante in die geheimnisvolle Geschichte der fünf Geschenke ein, und spekulieren darüber, was wohl als Nächstes vor unserer Haustür liegen wird.

„Vielleicht gibt es ja eine Verbindung zwischen den Geschenken in dem Lied und denen, die ihr bekommt“, meint Charlotte. „Was war noch mal das Geschenk Nummer fünf – Karten?“

„Geschenkpostkarten mit Engeln drauf“, erklärt Megan.

„Im Lied von den zwölf Weihnachtstagen besteht das fünfte Geschenk aus goldenen Ringen“, sagt Charlotte.

„Engel haben doch Heiligenscheine, oder?", wirft Megan ein. „Die sind vielleicht so etwas wie goldene Ringe."

„Okay", sagt Nick. „Aber ich sehe keine Verbindung zwischen einem Rebhuhn in einem Birnbaum und unserem Weihnachtsstern!"

„Hm, und wie sieht es mit den anderen Geschenken aus? Gibt es vielleicht noch irgendwelche Verbindungen?", überlegt Charlotte.

„Wir haben am zweiten Tag zwei Tüten mit Schleifen bekommen", sagt Megan, und ergänzt: „Jeweils zwei Schleifen in einer Farbe – rot, grün, blau und weiß wie Turteltauben. Aber was haben die drei Rollen Geschenkpapier mit französischen Hennen zu tun?"

„Wer weiß?" Charlotte zuckt mit den Schultern. „Das Ganze ist wohl ein Rätsel, und ihr beide seid doch gut im Rätsellösen."

Wir entdecken das Päckchen auf der Veranda, als Charlotte mit ihrem Van in die Einfahrt einbiegt. Nick ist aus dem Fahrzeug gesprungen, noch bevor es völlig zum Stillstand gekommen ist. „Wir haben noch was bekommen!", ruft er.

Die Geschenketüte enthält sechs bunte Plastik-Trinkbecher und wieder eine selbst gemachte Karte.

„Alle ab ins Haus!", ordnet Nick an. „Lasst uns nach Hinweisen suchen."

Ich halte die Prozession auf. „Moment! Lasst uns erst den Baum ausladen."

„Wo ist dein Baumständer?", fragt Charlotte. „Wir können ihn gleich reinbringen und aufstellen."

„Er ist in der Garage, ich hole ihn“, ruft Megan und rast auch schon los, als mir einfällt, dass unser Weihnachtsbaumständer platt wie eine Flunder ist, dank meiner Zerstörungswut einige Abende zuvor.

„Warte! Komm zurück!“, rufe ich Megan nach. „Lass uns den Baum in die Garage stellen. Gib ihm noch ein oder zwei Tage.“

Ich eile durch das Haus in das Innere der Garage, um von drinnen die große Garagentür zu öffnen. Vorher verstecke ich aber noch schnell den kaputten Baumständer unter einigen Abdeckplanen, bevor ich den Hebel runterdrücke, der das Tor öffnet.

„Du hast aber lange gebraucht“, flüstert Charlotte. „Versteckst du da Geschenke?“

Wir müssen alle vier mit anpacken, um den steifen Baum aus dem Laderaum des Vans zu hieven. Sobald er in der Garage ist, halte ich den dürren Nadelbaum aufrecht, während Nick und Megan versuchen, die Zweige zu lockern. Ein Zweig knickt unter Nicks Hand ab.

Charlotte weist uns an, die dichtere Seite des Baums gegen die Wand zu lehnen. In dem Moment wird mir klar, wie armselig unsere Weißfichte in Wirklichkeit ist. Die Zweige hängen fast im Neunzig-Grad-Winkel herunter. Jetzt rümpft sogar Megan ein wenig die Nase, als sie unser Schnäppchen betrachtet. „Wenn die andere Seite sich nicht aufrichtet, werden die beiden Seiten wenigstens gleich aussehen“, sagt sie und bringt uns mit diesem Kommentar alle zum Lachen.

Erschöpft von diesem Weihnachtseinkaufstag lässt uns Charlotte allein zurück. Wir wollen uns nun dem Geheimnis der Geschenke widmen. Nick holt alle Karten und legt sie auf den Esszimmertisch.

Die letzte Karte – zehn mal sieben Zentimeter – ist die kleinste, die wir bis jetzt bekommen haben. Sie ist, wie auch die anderen Karten, mit handgemalten Stechpalmenzweigen verziert.

„Wer auch immer die Karten macht: Er ist ein Künstler", stellt Megan fest.

„Hat irgendjemand von euch eine engere Beziehung zu einem Kunstlehrer?", frage ich.

„Frau Urschel ist eine wunderbare Künstlerin", sagt Megan. „Erinnert ihr euch, dass ich die Schule in der ersten Klasse abbrechen wollte, um Künstlerin zu werden? Frau Urschel hat mir beigebracht, dass man beides machen kann."

„Hast du in letzter Zeit mit ihr gesprochen? Weiß sie etwas über deinen Vater?", frage ich.

„Sie ist an der Grundschule", antwortet Megan. „Ich kann mich nicht erinnern, wann ich sie das letzte Mal gesehen habe."

„Wir werden es nie rausfinden", sagt Nick nach einer Weile. „Ich werde mal nach unten gehen, um zu sehen, was noch im Keller getan werden muss." Er steht auf und verlässt den Raum.

Megan und ich folgen ihm nach unten.

„Eine zweite Schicht Farbe", sage ich. „Dann ist es fertig."

***

Ich überlasse Nick und Megan das Streichen. Dann gebe ich vor, Weihnachtsbesorgungen zu machen, um aus dem Haus zu kommen und einen neuen Baumständer zu besorgen. Als ich am Baumarkt ankomme, schließt der Marktleiter gerade die Tür. Also fahre ich zum Discount-Center, der nicht schon um 20 Uhr zumacht.

„Wir haben den letzten Baumständer heute Nachmittag verkauft, tut mir leid", höre ich die Angestellte sagen. Da mir die Optionen ausgehen, rufe ich meinen Schwager Tom an.

„Ich habe einen alten Ständer in der Garage. Er ist etwas wackelig, aber er wird seinen Dienst tun", verspricht er.

Während der Fahrt zu Tom setzt leichter Schneefall ein. Tom trifft mich am Garagentor mit dem rostigen Ständer in der Hand. „Rick hat letztes Jahr einen neuen Ständer gekauft, ich war dabei", sagt er gedankenverloren. Zum Glück fragt er nicht, was mit dem neuen Ständer passiert ist.

Zehn Minuten später werde ich auf meinem Weg nach Hause an der Kreuzung Little Sugarcreek und Feedwire Road aufgehalten, als vor mir ein rotes Auto über die Kreuzung rast. Eine Hand mit einer glimmenden Zigarette hängt auf der Beifahrerseite aus dem Fenster. Obwohl meine Fenster geschlossen sind, höre ich laute Musik aus dem Fahrzeug dröhnen. Ein Hard-Rock-Song. Bens Lieblingsmusik.

Meine Augen folgen dem Auto, wie es auf der Kuppe der ersten Buckelhügel in die Luft springt. „Sprungschanzen-Hügel" nennt sie die Polizei, denn man hebt etwas ab, wenn man zu schnell dort langrast.

Das Auto hinter mir hupt, und ich fahre weiter, aber nicht nach Hause. Ich biege nach rechts ab und folge dem Auto, weil ich fürchte, dass Ben der Fahrer ist. Ich hoffe, ich irre mich. Meine Hand zittert am Steuer, als mein Auto über den ersten Hügel kriecht, dann den zweiten. Es ist kein Wrack am Straßenrand zu sehen, auch kein Rauch, der aus einem kaputten Motor aufsteigt. Keine Leichen.

Ich sage mir selbst, dass Ben sicher bei einem Freund ist. Sie schauen Filme, spielen Videospiele und essen Fastfood. Aber ich kann es nicht sicher sagen. Ich hole das Auto nicht mehr ein. Dessen Rücklichter verschwinden in der Dunkelheit und im Wirbel der Schneeflocken.

Als ich schließlich wende, um nach Hause zu fahren, muss ich an unsere anonymen Weihnachtsengel denken. Ich hoffe, dass die geheimnisvollen weihnachtlichen Hoffnungsträger auch Bens Herz berühren, so wie sie auch schon Nick und Megan berührt haben.

7

Der siebte Weihnachtstag

Die Uhr auf dem Kaminsims schlägt zweimal: zwei Uhr. Ich stehe am Fenster und beobachte die dunkle Straße, wobei ich jedes Mal hoffe und bete, wenn ich Scheinwerfer in Richtung Haus kommen sehe, dass sie zu Ben gehören. Ich bin furchtbar in Sorge, seit ich das rote Auto auf dem Rückweg von Tom über die Kreuzung rasen sah.

Es hat schon zu viele Nächte wie diese gegeben, in denen ich am Fenster gewartet und keine Rüge erteilt habe, wenn Ben weit später als ausgemacht nach Hause kam. Ich habe solche Angst, ihn noch weiter von mir wegzutreiben, dass ich stumm bleibe und meinem Sohn nicht das gebe, was er braucht – Erziehung und Liebe.

Ich sollte mich schämen.

Seit Ricks Tod bin ich emotional abwesend, blind gegenüber Nicks Albträumen, nicht in der Lage, Megans Bedürfnis nach Weihnachten zu stillen. Ben streift umher, alleingelassen mit seinem Kummer.

Wenn jemand mich vor einer Woche gefragt hätte, wie wir zurechtkommen, hätte ich gesagt: Den Umständen entsprechend ist es okay. Ich arbeite, bezahle Rechnungen, die Kinder gehen zur Schule. An den meisten Tagen denkt auch jemand daran, den Hund zu füttern.

Aber es ging uns nicht gut, und unsere wahren Freunde wussten das.

Jetzt weiß ich es auch.

Ich laufe jetzt seit über zwei Monaten wie eine Schlafwandlerin durch die Gegend, und ich war mir bis vor ein paar Tagen kaum bewusst, wie die Familie langsam auseinanderbröselt. Erst als ich über den Weihnachtsstern vor der Tür gestolpert bin, habe ich langsam begonnen zu ahnen, wie sehr mich meine Kinder brauchen.

Meine Augen sind jetzt geöffnet. Dank unserer wahren Freunde ist Mama wieder anwesend. Zumindest versucht sie das. Meine Begeisterung für Weihnachten ist nicht dieselbe wie in den Jahren davor, aber meine Kinder werden wissen, dass sie nicht allein sind. Wir werden Essen bestellen, ich werde ein paar Geschenke kaufen und wir werden unseren Baum schmücken – falls er auftaut.

Ich knipse das Verandalicht an und aus, um sicherzugehen, dass es funktioniert, dann gehe ich im Haus auf Streife – vorsichtig, um Megan und Nick nicht zu wecken. Als ich an der Schlafzimmertür vorbeikomme, zögere ich. Ich bin seit Wochen nicht mehr dort drin gewesen. Meine Kleidung hängt an einem Ständer im Waschraum. Ich schlafe auf der Couch und dusche im

Gästebadezimmer. Auch wenn ich mir sage, dass ich vor nichts Angst haben muss, erschreckt mich der Raum. Ich habe dort seit dem 8. Oktober nicht mehr gesaugt oder Staub gewischt.

Als ich meine Hand an den Türgriff lege, wünsche ich mir, einer dieser wahren Freunde wäre jetzt bei mir. Der Gedanke überrascht mich, und ich fühle mich nicht so allein. Ich war ziemlich sauer, als wir das erste Geschenk bekommen haben, jetzt bin ich mehr als neugierig zu erfahren, wer die Schenkenden sind, und bin dankbar für ihre Aufmerksamkeit.

Das Zimmer ist ein weiterer dunkler Schatten, den sie mir erobern helfen werden.

Die Scharniere der Tür quietschen, als ich sie öffne. Ich spähe vom sicheren Flur aus hinein und werde von der Kühle des Zimmers umfangen. Ich zwinge mich zu sehen, was meine Kinder immer sehen, wenn ich eines von ihnen hierher schicke, um mir eine Bluse aus dem Schrank oder eine Kette aus der Schmuckkiste zu holen. Ich habe immer eine Entschuldigung, nicht selbst gehen zu müssen. Aber jetzt, wo ich auf die Rückkehr meines Sohnes warte, gibt es keine Entschuldigung mehr.

Eine dicke Staubschicht bedeckt das Kiefernholz unseres breiten Wasserbettes. Das Bettlaken, auf dem Rick starb, ist immer noch um die Matratze geschlagen. Seine zu kleinen Hausschuhe mit den heruntergetretenen Fersen stehen neben dem Schrank. Die Sporttasche, die mein Mann für seinen Krankenhausaufenthalt packen wollte, steht leer in der Ecke.

Ich ziehe das Laken vom Bett, die Kissenbezüge, die Decken, und stopfe sie in die Sporttasche. Sie werden ungewaschen an die Organisation *Goodwill* gehen. Ich hole einen der Kartons aus dem Wohnzimmer, aus denen Megan die Weihnachtssachen geholt hat, und trage ihn nach oben. Die alten Hausschuhe kommen als Erstes hinein. Dann hole ich alles aus Ricks Schrank, außer seinen Lieblingspullovern. Die verstecke ich zwischen meiner eigenen Kleidung. Ricks Uhr, sein Schweizer Messer, die Schlüsselkette und den Ehering lege ich auf den Boden meiner Schmuckkiste – Andenken, die ich eines Tages unseren Kindern geben will. Ich finde noch etwas, das verschwinden muss. Den Inhalt der vier Flaschen von Ricks Herzmedikament die Toilette runterzuspülen, ist schnell erledigt. Die leeren Fläschchen werfe ich in den Müll.

In weniger als einer halben Stunde habe ich Ricks Anwesenheit aus dem Zimmer ausgelöscht. Ich habe keine Idee, was ich mit dem Wasserbett machen soll. Ich will darauf nie wieder schlafen. Ich zeichne mit dem Finger oben auf dem Holzrahmen ein Herz in den Staub und male Ricks und meine Initialen hinein. Dann wische ich die Vergangenheit mit Möbelpolitur weg.

Morgen werde ich Nick bitten, mir zu helfen, das Wasser aus der Matratze zu lassen. Es ist nur ein Stück Kunststoff, aber sogar daran kleben Weihnachtserinnerungen.

Ich kann immer noch Ben, Nick und Megan sehen, wie sie hier am Weihnachtsmorgen reinrennen, um zu mir und ihrem Papa auf dieses Bett zu krabbeln. Nach einem langen Abend, an dem wir spät Eisenbahnen, Fahrräder oder ferngesteuerte Autos zusammengebaut hatten, dösten Rick und ich für gewöhnlich noch, wenn die Bande am Weihnachtsmorgen ins Zimmer stürmte. Durch ihren Sprung auf die wassergefüllte Matratze lösten die Kinder gewöhnlich einen kleinen Tsunami aus, der unseren Schlaf unsanft beendete.

Kleine Geschenke, die sich in ihren Weihnachtsstrümpfen befanden – Süßigkeiten, Comics, Haarbänder, eine Armbanduhr oder Baseball-Karten – packten sie noch auf dem Bett aus, während Rick darauf wartete, dass der Kaffee durch die Maschine gelaufen war – und ich darauf, dass das Wasser im Teekessel kochte.

Jeder trug einen neuen Schlafanzug, eine Tradition, die ich einführte, als unsere Kinder noch klein waren und darum bettelten, wenigstens ein Geschenk schon an Heiligabend öffnen zu dürfen. Rick bestand immer darauf, dass die Kinder warme Socken anzogen und ihre Zähne putzten, bevor sie nach unten ins Weihnachtszimmer gingen – was die Spannung noch steigerte.*

Als ich die Haustür höre, gehe ich nach unten, um mit Ben zu reden. Ich lasse die Schlafzimmertür offen, in der Hoffnung, dass das Leben so ins Schlafzimmer zurückkehrt.

Ben steht im Eingang und lehnt sich gegen die Tür. Ein Auto fährt vorbei, die Scheinwerfer werfen einen Lichtstrahl ins Zimmer. Ich sehe Tränen auf dem Gesicht meines Kindes schimmern. Mama Bär möchte zurücktreten und Mama Henne das Reden überlassen, aber ich glaube, es sind jetzt beide mütterlichen Seiten gefragt.

---

* In den USA findet die Bescherung traditionell erst am ersten Weihnachtsfeiertag statt.

„Ich bin froh, dass du zu Hause bist“, sage ich.

Ben springt erschrocken zurück. Er wischt mit dem Mantelärmel über sein Gesicht. „Was machst du denn hier?“, fragt er leise.

„Auf dich warten.“

„Ich bin müde, ich muss ins Bett“, sagt Ben schnell und geht in Richtung Treppe, um in den Keller zu entwischen.

Ich stelle mich ihm in den Weg und umarme ihn. „Keiner von uns kann so weitermachen, Ben“, sage ich.

Er versucht sich loszumachen, aber ich lasse es nicht zu.

„Nicht heute Nacht, Mama, bitte nicht heute Nacht.“ Er sieht mich eindringlich an.

Ich lehne mich etwas zurück, um sein Gesicht zu sehen, obwohl er sich wegdreht, um meinem Blick auszuweichen.

„Ich war heute Abend bei deinem Onkel Tom. Auf dem Rückweg musste ich bei Little Sugarcreek bremsen, weil ein rotes Auto über die Kreuzung flog.“

Ben gibt nicht zu, dass er der Fahrer war, aber das Schuldbewusstsein leuchtet wie ein Neonschild in seinem Gesicht.

„Gib mir deinen Autoschlüssel.“

„Mama …“

„Gib sie mir.“

Ben hält den Schlüssel in seiner Faust, widerspricht und lässt sie dann in meine offene Hand fallen. Er wird nie erfahren, welche Angst ich in diesem kurzen Moment hatte, als ich auf seine Reaktion wartete. Sein Eingeständnis gibt mir den Mut weiterzumachen.

„Jetzt setz dich“, sage ich. „Du erzählst mir jetzt, was du heute Abend gemacht hast.“

Wir setzen uns auf die Couch. Er sagt nichts.

„Wir können die ganze Nacht hier sitzen“, sage ich nach einer Weile und reibe meine Schulter an seiner.

Dann fließen die Worte aus ihm heraus, zunächst langsam, doch dann immer schneller, als ob er immer noch Auto fahren würde.

„Ich musste hier rauskommen“, sagt er. „Ich musste fahren. Robert war dabei.“

„Wo seid ihr gewesen?“, frage ich.

Er zögert kurz. „Es wird dir nicht gefallen.“

„Du hast wahrscheinlich recht“, erwidere ich.

Ben erzählt mir, dass er ein Auge auf den Tachometer geworfen hatte, als er durch die Wohngebiete in Richtung der Hügel der Little Sugarcreek Road düste. „Ich könnte diese Straße mit geschlossenen Augen fahren“, sagt er. „Ich bin sie sicher hundert Mal mit Papa gefahren.“ Er lässt mich wissen, dass er und Robert die Fensterscheiben runterkurbelten und sich die Wucht des nassen Dezemberwindes ins Gesicht knallen ließen.

„Als das Auto über den ersten Hügel hüpfte, fühlte es sich wie Fliegen an“, sagt er. „Wir schrien dazu dieses Lied.“

„Ja, genau, es war ein Hard-Rock-Song“, sage ich.

„Ähm, woher weißt du das?“

„Ich hab es gehört.“

Ben verzieht das Gesicht, aber er fährt mit seinem Geständnis fort.

Nach zwei, drei Kilometern wurde die Gegend, durch die er fuhr, offener: keine Hügel mehr, keine Stoppschilder und kaum Verkehr. Falls Anwohner dort aus ihren Fenstern sahen, als das Auto gerade vorbeiraste, sahen sie vermutlich nichts als die Rücklichter.

„Als der Tacho 150 anzeigte, hatte ich keine Angst mehr und war auch nicht mehr traurig. Ich fühlte mich einfach frei."

Meine eine Hand umklammert die andere, um sie vom Zittern abzuhalten, und ich frage Ben: „Was hat dich dann dazu bewegt, das Tempo wieder zu drosseln?"

„Du wirst es nicht glauben. Es war Papa."

Ben erzählt mir, dass er und Robert im selben Moment ein Reh sahen, das genau vor ihnen über den Zaun sprang und auf der Straße anhielt.

„Ich konnte Papas Stimme sagen hören, jetzt runterzuschalten und auf die Bremse zu treten. Dann, so schnell, wie das Reh gekommen war … war es wieder weg. Es gab keinen Zusammenprall, nur sechzig Meter verbrannte Reifenspur. Papa war bei mir im Auto, Mama. Genau wie früher."

Ich lege einen Arm um meinen Sohn und ziehe ihn nah an mich. Dieses Mal weiß ich, was ich sagen will. „Dein Papa wird immer bei uns sein. Er wird wahrscheinlich gerade zuhören und sich fragen, ob ich dir jemals den Autoschlüssel wiedergebe."

Wir sitzen für ein paar Minuten still da, aber Ben will eine Antwort. „Und? Wirst du?"

Ich werfe den Schlüssel ein paar Zentimeter hoch und lasse ihn wieder in meine offene Hand zurückfallen.

„Der Rote Baron hat Fahrverbot bis Neujahr, dann werden wir sehen."

Ben will widersprechen, schließt aber dann seinen Mund wieder.

Wir plaudern noch etwas, aber unser Gespräch geht langsam in ein permanentes Gähnen über.

„Bett?", frage ich.

Als Ben zur Kellertreppe läuft, sieht er den leeren Baumständer in der Ecke. „Der Baumkauf ging wohl in die Hose?", fragt er vorsichtig.

„Nicht, wenn deine Tante Charlotte die Sache in die Hand nimmt. Er steht in der Garage und taut gerade auf."

„Zusammen mit dem zerstörten Baumständer?", hakt Ben nach.

Es hat keinen Sinn zu lügen. „Du hast ihn gesehen?" Ich spüre, wie sich meine Stirn anspannt.

„Eines der Standbeine war noch nicht ganz zerquetscht", kommentiert Ben. „Ich bin selbst noch einige Male drübergefahren."

In dem Moment verstehen mein Sohn und ich uns vielleicht zum ersten Mal. Wir lachen beide, und es fühlt sich gut an.

***

Ich wache auf, mit den Düften eines Waldpicknicks in der Nase: frische Kiefer und gebratener Speck. Es ist nur ein paar Stunden her, seitdem Ben und ich ins Bett gegangen sind, aber ein Flüstern in der Küche verrät mir, dass mein Ältester und seine kleine Schwester wach sind. Die zwei kochen was, worüber ich offenbar nichts erfahren soll.

„Psst! Du weckst sie noch“, raunt Ben ihr mit einer so tiefen Stimme zu, dass es förmlich durch das ganze Haus schallt.

Megan kichert. „Ich kann's kaum abwarten, dass sie es sieht!“, sagt sie.

Ich rechne damit, dass man mir Frühstück ans Bett serviert – oder besser gesagt: an die Couch. Also schließe ich meine Augen und entspanne mich, bis die beiden entschieden haben, dass es Zeit zum Essen ist. Ich vermute, Ben will sich seinen Autoschlüssel zurückverdienen. Natürlich werde ich ihm erst nach dem Frühstück sagen, dass das nicht funktioniert. Ich gleite zurück in den Schlaf.

Eine halbe Stunde später wedelt Megan mit einem Stück gebratenem Schinken unter meiner Nase herum. Als ich meine Augen öffne, steckt sie den Happen in ihren Mund und rennt dann zurück in die Küche. „Früüühstück!“, höre ich sie noch rufen.

Es sind weniger die Eier, der Schinken oder der Toast, die mich überraschen. Es ist der Baum. Unser schiefer Weihnachtsbaum steht vor dem Panoramafenster im Wohnzimmer, geschmückt mit lauter kleinen Lichtern.

„Wer hat das gemacht?“, frage ich verblüfft.

Megan strahlt. „Ben!“

Noch vor weniger als vierundzwanzig Stunden hatte Ben alles, was mit Weihnachten zu tun hat, vehement abgelehnt.

Heute hat er den Baum beleuchtet. Ich sollte schockiert sein, aber ich bin es nicht. Unerwartete Ereignisse werden bei uns plötzlich normal, besonders, wenn sie Weihnachten betreffen.

„Du warst das?", frage ich Ben. Ich will es von ihm selbst hören.

Ben verlässt für einen Moment das Zimmer und kommt dann mit einem Becher Orangensaft zurück. Es ist einer von sechs Plastikbechern, die uns unsere anonymen Engel gestern gebracht haben.

„Sie versuchen, uns zu helfen, durch die Weihnachtszeit zu kommen. Meine Haltung hat ihre Versuche bislang irgendwie … untergraben", sagt er. „Nächstes Jahr können wir ja alle gemeinsam die Lichterkette am Baum befestigen. Dieses Mal mussten ich und Papa das alleine tun."

Ich nicke zustimmend und atme tief ein, um nicht zu weinen.

„Pass auf, dass du dich nicht wieder erkältest", sagt Megan. „Weihnachten steht nämlich vor der Tür."

„Hast du was dagegen, wenn der Baum vor dem Panoramafenster steht statt wie sonst im hinteren Teil des Wohnzimmers?", fragt Ben. „Ich finde, so wirkt unser Haus von außen viel freundlicher."

„Wann sind denn meine Kinder so pfiffig geworden?", frage ich erstaunt und klopfe Ben auf die Schulter: „Toll gemacht!"

„Wie wär's, wenn wir jetzt essen?", wechselt Ben nun das Thema und ruft seinen schlafenden Bruder herbei: „Der Schinken ist in sechzig Sekunden alle!"

Nick ist tatsächlich der Erste, der am Tisch sitzt.

Wir trinken aus den geschenkten Bechern unserer wahren Freunde. Das lenkt unsere Gedanken wieder zurück zu der Frage, wer sich hinter unseren anonymen Engeln verbirgt – und lässt uns über das Geschenk nachdenken, das wir irgendwann heute bekommen werden.

„Was ist das siebte Geschenk in dem Lied?“, fragt Megan.

Keiner von uns weiß es sicher.

Nick steht auf und sucht im Internet nach dem Text von „The Twelve Days of Christmas“. Er druckt den Liedtext aus und kommt wieder zum Tisch zurück, wo Ben, Megan und ich immer noch darüber debattieren, ob einer ihrer Kunstlehrer der Verdächtige sein könnte. Nick liest die Liste der Geschenke vor: „Sieben schwimmende Schwäne, acht melkende Mägde, neun tanzende Ladys, zehn hüpfende Lords, elf musizierende Dudelsackspieler, zwölf trommelnde Trommler.“ Er schaut vom Blatt hoch und sagt dann: „Auweia, definitiv nichts, was ich meiner wahren Liebe schicken würde!“

Megan, Ben und ich starren Nick an. Ich kriege den Mund nicht mehr zu vor lauter Sprachlosigkeit.

„Was würdest du denn dann schicken? Und an wen denn eigentlich?“, fragt Ben interessiert.

„Ich hab ja nicht gesagt, dass ich irgendjemandem irgendwas schicken will“, protestiert Nick, „aber wenn doch, dann würde ich ihr coole Dinge schicken: Süßigkeiten, Videospiele, DVDs oder so.“

„Das wäre furchtbar teuer“, wende ich ein. „Ich mag die Geschenke, die wir bisher bekommen haben. Sie sind groß genug, um zu zeigen, dass jemand an uns denkt, auch wenn sie nicht viel Geld gekostet haben."

Nick legt den Kopf schief und denkt nach. Dann sagt er: „Okay, falls wir heute Gummibonbons in Fischform oder Goldfisch-Kräcker bekommen statt der schwimmenden Schwäne, dann bin ich dabei." Er grinst.

Ich biete an, das Geschirr abzuwaschen und schicke die Kinder in ihre Zimmer, damit sie zu klein gewordene Kleidung oder nicht mehr benutztes Spielzeug aussortieren. Ich will noch heute zur Heilsarmee fahren, um dort die Dinge aus dem Keller sowie Ricks Sachen abzugeben – keinesfalls will ich es darauf ankommen lassen, dass ich doch noch meine Meinung ändere und alles behalte.

Ich bin gerade dabei, die Überreste unseres Frühstücks aufzuräumen, als ein alter Freund von Rick anruft. Terry Molnar hat viele Jahre mit meinem Mann zusammengearbeitet.

„Die Jungs bei uns in der Werkstatt haben für die Kinder ein paar Weihnachtsgeschenke gekauft. Ich möchte sie gern vorbeibringen", sagt Terry.

Wir vereinbaren, uns in ein paar Tagen zu treffen. Die anonymen Geschenke erwähne ich nicht. Ich möchte warten, bis Terry da ist, um dann seine Reaktion zu sehen.

Es ergibt langsam alles einen Sinn … Ich kann nicht glauben, dass ich bis jetzt noch keine Sekunde an die Möglichkeit gedacht habe, Ricks Kollegen könnten hinter den anonymen Engeln stecken. Rick hat mehr als zwanzig Jahre bei *Gem City Engineering* gearbeitet. Viele seiner Kollegen waren gute Freunde von ihm.

Ich entscheide mich, den Verdacht für mich zu behalten. Wenn ich recht habe, möchte ich den Kindern die Überraschung nicht verderben. Bevor Terry kommt, will ich einen von Megans Weihnachtswünschen erfüllen – und morgen unsere Weihnachtsfiguren-Sammlung aus dem Versteck holen.

***

Es ist fast vier Uhr, als ich den Kofferraum meines Autos mit den Spenden belade und zur Sammelstelle der Heilsarmee fahre. Die Haustür ist abgeschlossen, aber die Leute haben Tüten und Kisten gefüllt mit Kleidung, Spielsachen und Haushaltswaren unter den überdachten Eingangsbereich gestapelt, um sie vor Wind und Wetter zu schützen.

Ein Mann wühlt sich durch die Kartons. Er hält eine Puppe mit strubbeligem weißen Haar in der Hand und versucht gerade, mit Spucke auf seinem Finger einen Fleck von ihrem Gesicht zu wischen. Ich vermute, es funktioniert nicht, denn er wirft die Puppe zurück in die Kiste und sucht weiter.

Ich bin unsicher, ob ich aus dem Auto steigen oder warten soll, bis er weg ist. Dann habe ich eine Idee. Ich gehe zu ihm und spreche ihn an. „Wie alt ist Ihre Tochter?“, frage ich.

Er dreht sich zu mir um. „Sie ist acht“, sagt er und blickt dabei zu Boden. „Hab was Dummes auf der Arbeit angestellt und meinen Job verloren. Ich habe gehofft, etwas zu finden, das ich unter den Baum legen kann.“

„Sie haben nichts gefunden?“, platzt es aus mir heraus.

Er schüttelt den Kopf. „Das meiste, was die Leute weggeben, will niemand mehr haben."

Das hatte ich auch vor ein paar Tagen gedacht. Plötzlich überkommt mich der drängende Wunsch, ihm klarzumachen, dass er nicht der Einzige ist, der so kurz vor den Feiertagen verzweifelt ist. Ich erzähle ihm von den Geschenken, die wir bekommen haben, den Karten, dem Geheimnis, meinem Ärger, als wir den Weihnachtsstern vor der Haustür fanden – und wie ich gestern Abend das Bettzeug zusammengepackt habe, auf dem mein Mann gestorben war. Der Mann vor mir hört aufmerksam zu, obwohl ein eisiger Wind bläst und große, nasse Schneeflocken fallen. Ich spreche, ohne eine Pause zu machen.

Als ich schließlich Atem hole, blickt er mich an und lächelt. „Ich denke, bei manchen Geschenken lohnt es sich wirklich, sie anderen zu geben", sagt er. Er streckt mir seine Hand zum Gruß entgegen. „Mein Name ist Charles."

„Ich bin Jo", erwidere ich. „Wäre es okay, wenn Sie mir helfen, einige Dinge aus dem Kofferraum zu laden?"

Charles nickt und folgt mir zum Auto. Wir holen zunächst die größeren Plastiksäcke heraus. Ich halte eine Hello-Kitty-Strandtasche zurück, die mit einem Sammelsurium von Megans Mädchensachen gefüllt ist: flauschige pinke Pyjamas, Röcke, ein paar Pullis, alte Jeans und Basketball-Shorts. Ein Set zum Basteln eines Armbandes, das meine Tochter nie geöffnet hat, mehrere Stofftiere und ein Buch ragen oben heraus.

Der Man sieht mich an und sagt: „Wow! Es macht Ihnen nichts aus, wenn ich diese Dinge mit nach Hause nehme?", fragt er.

„Es würde mir was ausmachen, wenn Sie es nicht täten", erwidere ich.

Er steht da und wühlt in der Tasche, hält dann inne und sagt: „Frohe Weihnachten!"

Zum ersten Mal in dieser Weihnachtszeit kommt es auch mir über die Lippen: „Frohe Weihnachten, Charles!"

Es fühlt sich tatsächlich richtig an.

***

Als ich zu Hause ankomme, ist das Haus leer. Ich geh in den Keller, schaue in die Kinderzimmer. Keine Seele da. Ich sehe in der Garage nach. Der Motor von Bens Wagen ist kalt. Ich geh zurück ins Haus und tippe seine Handynummer in mein Telefon. Ich höre ein schwaches Klingeln, dann Fußgetrappel auf dem Dach.

Waschbären hatten letztes Jahr Tüten von vergammeltem Brot aus der Garage eines Nachbarn stibitzt und unser Dach als Bankettsaal benutzt. Es war ekelhaft. Rick und ich waren den Block abgelaufen, um alle Nachbarn zu bitten, schwere Steine auf ihre Mülleimer zu legen, damit die Waschbären da nicht reinkamen. Als ihre Nahrungsquellen versiegten, hatten die Waschbären es kapiert und zogen weiter.

Mein erster Gedanke, als ich die Geräusche auf dem Dach höre: Sie sind wieder da. Ich renne durchs Esszimmer zur Hintertür, nur um rauszufinden, dass eine Leiter den Ausgang blockiert. Ich kann die Tür nicht öffnen, ohne sie umzuhauen, und ich gerate in Panik bei dem Gedanken, dass eines meiner

Kinder versuchen könnte, ein Tier vom Dach zu verscheuchen, das vielleicht Tollwut hat.

Als ich im Freien stehe, wird mir klar, dass Rentiere und Waschbären nicht die einzigen Tiere sind, die es toll auf dem Dach finden.

Nick klettert nahe der Kante über das Dach. Ben steht auf der ausgezogenen Leiter und gibt seinem Bruder Anweisungen. Meine kleine süße Megan hält die Leiter fest.

Nick war schon vor seinem fünften Geburtstag ein begabter Kletterer. Er brauchte nie eine Leiter; er hatte zupackende Klammer-Zehen und starke Arme. Das erste Mal, als ich ihn dort oben erwischte, stockte mir vor Angst der Atem.

„Keine Bewegung!", schreie ich.

Nick verliert den Halt und rutscht. Mein Herz rast, aber er lacht nur. „Mist", ruft er, aber fängt sich schnell wieder. Er zieht es vor, am Vordach runterzurutschen, statt die Leiter zu benutzen, auf der Ben immer noch steht.

„Ich hab dir gesagt, dass es nicht so schlimm ist", sagt Ben zu seinem Bruder, als wenn ich nicht da wäre. „Es ist nicht so rutschig, wie es aussieht."

Megan sieht mich an und erschrickt. „Mama, ich hab ihnen gesagt, sie sollen das nicht machen, weil du Angst hast", sagt sie entschuldigend.

„Sei nicht so ein Baby", sagt Ben zu ihr und wendet sich dann seinem Bruder zu. „Na, wie war es, Nick?"

„Perfekt. Ich hatte eine großartige Aussicht in beide Richtungen."

Ich kann nicht glauben, was ich da höre. „Alle rein!", rufe ich. „Ihr beide", sage ich und zeige dabei auf Ben und Nick, „stellt die Leiter sofort zurück in die Garage, dann alle ab ins Haus. *Jetzt*!"

Als das Trio auf der Couch sitzt, habe ich mich halbwegs beruhigt, aber bin immer noch entsetzt über ihren Leichtsinn. „Was habt ihr euch dabei gedacht?"

Sie erzählen abwechselnd. Ben hatte Nick und Megan in sein Zimmer bestellt, um einen Strategieplan zu entwerfen, wie man unsere wahren Freunde auf frischer Tat ertappen könnte.

„Wir brauchen einen Ort, von dem aus wir nach ihnen Ausschau halten können, ohne dass sie es merken", hatte Nick gesagt. „Wir möchten ja auch nicht, dass sie mit den Geschenken aufhören."

Ben hatte dann zwei Ideen: sich entweder bei offenem Tor flach auf den Boden der Garage zu legen, sodass man gerade so die vorbeifahrenden Autos sehen kann – oder aufs Dach zu klettern.

Nick habe sich dann freiwillig gemeldet, um die zweite Idee auszuprobieren.

„Ich hatte ihm gesagt, es könnte rutschig sein", sagt Ben, als ob er mich damit beruhigen wollte. „Wir wollten es einfach mal testen."

Rick und ich hatten unseren Kindern beigebracht, Abenteuer lieben zu lernen: Bergwandern, Zelten in der Wildnis, Besuche im Kletterwald – und so fühle ich mich irgendwie verantwortlich für die Dach-Aktion. Ich hab das Gefühl, Rick wäre mit ihnen zusammen aufs Dach gestiegen …

Es ist Megan, die bemerkt, dass ich der Unterhaltung nicht mehr folge. „Huhu, Mama? Bist du noch auf Sendung?"

„Wir müssen rausfinden, wann wir am besten raufsteigen. Ich möchte nicht länger auf dem Dach liegen als nötig", sagt Nick.

Er denkt also immer noch, dass das der Plan ist. Meine Kinder sind verrückt, wenn sie meinen, dass ich sie nachts auf ein verschneites Dach steigen lasse, aber vielleicht ist die heimliche Wache am Garagentor keine schlechte Idee. Ich möchte schließlich genauso dringend wie meine Kinder herausbekommen, wer die Geschenke dalässt. Ich könnte den Betonboden mit Schlafsäcken und Decken auslegen und heiße Schokolade machen. Es könnte lustig werden, und wir wären zusammen …

„Hey, glaubt ihr etwa wirklich, die wahren Freunde würden jemanden, der auf dem Dach liegt, nicht bemerken?", frage ich.

„Sie werden wahrscheinlich denken, ich sei Teil der Weihnachtsdekoration", sagt Nick trocken.

„Wenn ihr unsere wahren Freunde erwischen wollt, dann überlegt euch einen sicheren Weg. Vielleicht können wir morgen Bens Alternativplan ausprobieren."

Die Jungs gehen in den Keller, und ich fürchte, dass eine weitere Verschwörung im Busche ist. Megan bleibt bei mir.

„Vielleicht haben wir morgen ja einen Schneetag", sagt sie hoffnungsvoll. „Jeden Tag Schnee bis Weihnachten wäre toll."

„Schneit es immer noch?", frage ich.

Megan öffnet die Haustür und schaltet das Licht auf der Veranda an. Ein kleines Päckchen steht im Schnee vor der Tür.

„Es ist da! Das siebte Geschenk!", jubelt sie.

Ben und Nick rasen wie der Blitz nach oben, um schnell die beiliegende Karte zu konfiszieren. Ein charmanter kleiner Schneemann mit einem bunten, gestreiften Schal und großen roten Schuhen lächelt uns von der Vorderseite an. Auf der Innenseite sind Tannenbäumchen abgebildet und daneben steht die besondere Version des Weihnachtsliedes für unsere Familie:

Am siebten Weihnachtstag
schenken euch eure wahren Freunde
sieben goldene Äpfel
sechs Weihnachtsbecher
fünf Engel-Geschenkkarten
vier Geschenkschachteln
drei Rollen Geschenkpapier
zwei Tüten Schleifen
und
einen Weihnachtsstern.
Euch allen.

Ich lasse die Jungs über der Karte brüten und bin mir ziemlich sicher, Terrys Besuch wird das Geheimnis lüften – zumindest für mich.

Meine Tochter bewundert die sieben goldenen Schmuckäpfel, während Nick versucht, sie ihr wegzuschnappen.

„Lass sie uns an den Baum hängen!", sagt er.

Megan weigert sich loszulassen. „Sie sind besonders", erklärt sie. „Ich weiß, wo sie hingehören. Und das ist nicht der Baum."

8

Der achte Weihnachtstag

Dank Megans Initiative durchzieht unser Haus mittlerweile eine weihnachtliche Atmosphäre. Am späten Nachmittag gehe ich noch einmal durch alle Zimmer, um sicherzustellen, dass alles bereit ist für unseren ersten Gast in dieser Adventszeit: Ricks Freund und Kollege Terry Molnar ist auf dem Weg zu uns.

Zusammen mit meiner Tochter habe ich meine Sammlung von weihnachtlichen Figuren ausgegraben. Die alte Krippe aus Holz steht nun auf der Anrichte im Wohnzimmer. Die anderen Figuren, ob Engel, Weihnachtsmänner oder Rentiere, verbreiten an anderen Orten Weihnachtsstimmung. Ein dreißig Zentimeter großer Santa Claus macht hinter dem Duschvorhang im Gästebadezimmer seine Aufwartung, und ich platziere einen sehr dickbäuchigen Weihnachtsmann neben unsere Badezimmerwaage, als kleine Erinnerung, über die Feiertage nicht allzu sehr über die Stränge zu schlagen …

***

Im letzten Jahr hatte Rick im Januar die Weihnachtsdeko wieder in die Kisten verstaut. Dieses Jahr werde ich sie selbst einpacken, aber ich habe das Gefühl, dass er im Geiste bei mir sein wird. Und auch, wenn es schmerzt, daran zu denken, werde ich doch die Momente, die mich an ihn erinnern, zu schätzen wissen.

Ich arrangiere mehrere der Engelfiguren neu, drehe mich dann um dreihundertsechzig Grad, um den Raum von allen Seiten anzusehen. Der Weihnachtsbaum, der das Panoramafenster erleuchtet, muss noch geschmückt werden, aber die Lichter machen das Zimmer schon sehr festlich. Nick hat die Zweige, die vom vereisten Stamm abgebrochen waren, auf der Mitte des Tisches dekoriert. Ich hole eine große Kerze aus dem Schrank und stelle sie zwischen die Tannenzweige. Als ich das Licht angezündet habe, verbreitet sich Bienenwachsaroma langsam im ganzen Haus.

„Es duftet herrlich", sagt Megan und kommt ins Zimmer gelaufen. Anlässlich unseres bevorstehenden Besuches hat sie einen Pullover mit einem aufgedruckten Eisbären übergezogen. Die Ärmel ihres alten Pullis sind allerdings mindestens fünf Zentimeter zu kurz. Ich versuche, sie zu einem schönen lilafarbenen Sweatshirt zu überreden, das ich letzten Herbst gekauft habe.

„Das ist aber der einzige Weihnachtspullover, den ich habe", mault sie und kreuzt ihre Arme vor ihrer Brust. „Ich werde ihn anbehalten."

Die Jungs kümmern sich weniger um ihr Aussehen. Sie tragen Hemden, die etwas nach Weichspüler riechen. Ich trage mir etwas Make-up auf und retuschiere meine Augen noch etwas.

Heute Morgen habe ich die Küche und die Badezimmer geputzt. Ich will, dass Terry auf eine verantwortungsbewusste Mutter trifft, auf eine Familie, die sich wieder aufrappelt. Ich bin müde, habe aber wieder etwas mehr Energie. Wenn wir erfahren, dass Ricks Kollegen den heimlichen Weihnachtsmann für unsere Familie spielen, möchte ich, dass sie wissen, dass sie mit den Geschenken etwas bewirkt haben. Ich erwarte beinahe, dass sie alle vor unserer Türschwelle stehen werden, genauso, wie die Geschenke.

Ben hat sich einverstanden erklärt, Teil des Empfangskomitees zu sein, und ich frage mich, ob er meinen Verdacht teilt, dass die Kollegen seines Vaters nicht nur nett, sondern unsere wahren Freunde sind.

In der Küche füllen mein Ältester und ich Chips und Brezeln in Glasschüsseln. Das Angebot auf dem Esstisch sieht eher dürftig aus.

„Wir hätten Kekse backen sollen", meint Ben.

Ich blicke ihn an und hebe meine Augenbrauen, um zu verdeutlichen, dass keiner von uns eine weitere Aufgabe in diesen Tag hätte reinpacken können. „Nächstes Jahr backen wir welche", verspreche ich.

Ben versucht die Kartoffelchips-Tüte mit einem Gummiband zu verschließen, aber das blöde Ding fällt immer wieder ab. Als es das dritte Mal auf dem Boden landet, hebe ich es auf.

Es klingelt an der Tür.

„Lasst uns unseren wahren Freunden aufmachen“, sage ich und zwinkere ihm zu.

„Du glaubst wirklich, es sind Papas Kollegen?“, fragt Ben zurück.

„Na, in einer Minute wissen wir es sicher“, erwidere ich.

Aber Terry kommt allein und hat Weihnachtssocken für die Kinder dabei, gefüllt mit Süßigkeiten und kleinen Geschenken. Auch wenn ich seit über zwanzig Jahren mit ihm befreundet bin: Der Kontakt zu ihm kam immer durch Rick zustande. Dadurch, dass mein Mann fehlt, fühle ich mich plötzlich befangen.

„Ich kann mich noch genau daran erinnern, als ich ihn das erste Mal traf“, sagt Terry. Wir gehen rein und ich lotse ihn in Richtung Wohnzimmer, während er weitererzählt. „Ich bin mit seinem Bruder Tom an einem Freitagabend zu ihm gegangen. Rick saß im Schneidersitz zwischen riesigen Stereo-Lautsprechern auf dem Boden. Er wippte zum Rhythmus der Musik auf und ab. Selten so laut gelacht. Ich mochte ihn sofort.“

Megan sitzt strahlend auf der Couch; ihr breites Lächeln ermutigt Terry, noch mehr Geschichten von ihrem Vater zu erzählen.

„Bitte gib mir deinen Mantel. Setz dich“, sage ich.

Terry schüttelt den Kopf. „Ich kann nicht lange bleiben.“ Er zieht einen Briefumschlag aus seiner Manteltasche und gibt ihn mir. „Das ist von den Kollegen aus der Werkstatt.“

Der Briefumschlag quillt über vor Bargeld und Geschenkgutscheinen. Terry sagt, dass die Geschenkgutscheine der diesjährige Weihnachtsbonus für die Angestellten sei. Achtundachtzig Leute haben sie an uns weitergegeben.

Die Idee kam von Steve Hey, der viele Jahre mit Rick zusammengearbeitet hatte. In den Wochen nach seinem Tod hatte Steve, so erzählte er mir später, die Nachrichten von Rick auf seinem Anrufbeantworter immer wieder abgespielt – nur um seine Stimme zu hören.

Als Steve seinen Kollegen die Idee unterbreitete, für uns zu sammeln, bauten sie zehn hölzerne Spendenboxen, die dann in der ganzen Firma verteilt wurden. In einer Zeit, in der die meisten Menschen jeden Cent zählen, um die Weihnachtswünsche ihrer Kinder erfüllen zu können, hatten die Leute von *Gem City Engineering* an meine Kinder gedacht.

„Das bedeutet uns so viel", sage ich gerührt. „Danke." Verstohlen wische ich mir eine Träne aus dem Auge.

„Kauf zu Weihnachten etwas Besonderes für die Kinder", sagt Terry.

Nick kann seine Begeisterung nicht verbergen. „Das ist eine großartige Idee!", ruft er.

Terry lacht. „Er ist genau wie sein Vater."

Mein Kopf ist leer, die Knabbereien in der Küche habe ich völlig vergessen. Zum Glück denkt Ben daran.

„Wir hatten keine Zeit, Kekse zu backen, aber wir haben Chips. Ich hol sie …"

„Danke", erwidert Terry. „Ich möchte nichts."

Ich lege den Briefumschlag auf den Kaffeetisch und begleite Terry zur Tür. Als ich aus dem Zimmer gehe, stelle ich mir vor, wie Nick in Gedanken schon den Inhalt des Briefumschlags überschlägt.

Wir hören ein kleines Handgemenge, als wir aus der Tür hinaustreten, und ich vermute, die Kinder stürzen sich auf das Kuvert. Terry und ich lächeln beide.

„Ich war krankgeschrieben an dem Tag, als Rick starb", sagt er. „Sie haben mich zu Hause angerufen. Als ich es erfuhr, saß ich einfach nur still in meinem Sessel. Ich kann noch nicht mal mehr sagen, was ich gedacht habe."

Terry lässt mich auf der Veranda zurück. Als er die Autotür öffnet, fällt mir ein, dass ich vergessen habe, ihm eine Frage zu stellen. Ich überlege kurz, ob ich ihn anrufen soll, aber verwerfe dann den Gedanken.

Wenn die Geschenke jetzt aufhören, werden wir es wissen, denke ich. Als ich wieder reinkomme, sortieren Ben und Nick gerade die Gutscheine und die Banknoten nach ihrem Geldwert. Alles zusammengerechnet haben Ricks Kollegen unserer Familie 3.453 Dollar gespendet.

„Das ist ja total der Wahnsinn!", sagt Ben. „Ich kann das gar nicht glauben."

Megan kniet auf der Couch und beobachtet, wie der Kumpel ihres Vaters wegfährt. Dann schaut sie mich an und meint: „Sie haben ihn wirklich gemocht, nicht wahr?"

Ich sitze neben ihr und zupfe die Hundehaare von ihrem Pullover. „Es war nicht schwer, ihn zu lieben", sage ich.

Ben hört nach der dritten Runde auf, das Bargeld zu zählen und fragt, ob ich Terry gegenüber die anonymen

Geschenke erwähnt habe. Es ist mir peinlich, das verneinen zu müssen.

„Glaubst du, dass es das jetzt war? Die Sache mit den anonymen Geschenken ist jetzt Geschichte, oder?“, fragt er und macht einen missmutigen Eindruck.

„Es ist erst der achte Tag vor Weihnachten. Unsere wahren Freunde werden doch jetzt nicht damit aufhören“, sagt Megan zuversichtlich.

Während die Jungen anfangen, darüber zu diskutieren, wie das Geld ausgegeben werden soll, schiebe ich die Banknoten und Gutscheine zurück in den Briefumschlag.

„Wir sollten uns etwas Besonderes für die Menschen ausdenken, die uns die anonymen Geschenke gebracht haben“, sagt Megan.

Ich stimme ihr zu.

„Eine Dankeskarte schicken“, sagt Nick. „Gott sei Dank kannst du schreiben, Mama.“

„Das ist mein Job in dieser Familie, richtig?“, sage ich – und wiederhole damit das, was sonst Rick immer gesagt hat. Wie dankt man jemandem dafür, dass er die eigenen Kinder durch das schwierigste Weihnachten ihres Lebens begleitet hat? Vor acht Tagen sah die Welt noch völlig anders aus. Ich dachte, wir wären allein. Heute weiß ich ganz sicher, dass uns wahre Freunde umgeben. Die Freundlichkeit, die unserer Familie widerfahren ist, macht mich demütig. Ich werfe jedes Weihnachten etwas Kleingeld in die Spendendose der Heilsarmee, aber ich habe mich noch nie persönlich darum bemüht, jemandem zu helfen.

Ich bin kein schlechter Mensch; ich hab nur noch nie darüber nachgedacht, was es bedeutet, Gutes zu tun. Kann man es Schenken nennen, wenn es keinen großen Aufwand bedeutet? Ich glaube das inzwischen nicht mehr.

Nick nimmt die Unterhaltung wieder auf. „Wirst du das tun, Mama? Wirst du uns etwas Besonderes zu Weihnachten schenken – wie Terry gesagt hat? Dürfen wir uns was aussuchen?"

„Vielleicht gibt es etwas, das ihr zuerst tun solltet", erwidere ich.

Ein Protestschwall unterbricht mich.

„Keine Hausarbeit mehr", bittet Nick. „Die Böden quietschen, so sauber sind sie."

Ich hatte etwas ganz anderes im Sinn.

„Die Menschen waren seit dem Tod eures Vaters uns gegenüber so großzügig. Sie haben uns Essen gekocht und euch zu euren Terminen gefahren. Jetzt haben wir noch dieses wunderbare Geschenk von *Gem City Engineering* und die anonymen Gaben von unseren wahren Freunden. Wie wäre es, wenn wir etwas tun, was sie alle ehrt? Ich bin dafür, dass wir jemand anderem ein schönes Weihnachtsfest bereiten."

Ich beobachte, wie es in den Köpfen meiner Kinder arbeitet. Ben spricht zuerst.

„Ich werde dafür Bargeld brauchen", sagt er und streckt seine Hand aus. „Man braucht Geld, um jemanden glücklich zu machen."

Ich schüttele den Kopf. „Es müssen nicht unbedingt Geld oder Geschenke sein. Wenn man jemand Bedürftiges sieht, sollte man nicht weggehen, sondern etwas tun."

Megan gefällt die Idee, während Nick sie sofort ablehnt. „Ich kenne niemanden, der etwas braucht", behauptet er.

Mein Magen knurrt und erinnert mich daran, dass ich seit dem Frühstück nichts gegessen habe, aber ich möchte diese Unterhaltung jetzt nicht abbrechen.

„Wie wäre es, wenn wir gemeinsam essen gehen und darüber reden?", frage ich in die Runde.

„Das wird unseren wahren Freunden die Gelegenheit geben, das heutige Geschenk bei uns abzugeben", sagt Megan. „Lasst uns zum Italiener essen gehen, das war Papas Lieblingsessen."

Die Idee ist verführerisch, aber mir schwebt etwas anderes vor. Ich hole Papier und Bleistifte aus der Krimskrams-Schublade und gebe sie den Kindern.

„Jeder schreibt sein Lieblingsrestaurant auf", weise ich an.

Wir sammeln die Zettel in Bens Baseball-Cap, dann ziehe ich einen Zettel raus.

Ponderosa.

Alle drei Kinder jubeln. Ich schiele auf die anderen Zettel, um in Zukunft Bescheid zu wissen. Es steht überall dasselbe drauf.

Ben holt den Autoschlüssel aus meiner Handtasche, wirft ihn hoch und fängt ihn wieder auf. „Kann ich fahren?"

***

Im „Ponderosa" bekommen wir einen Tisch so weit vom Büfett weg zugewiesen, dass Nick meint, er müsse jetzt einige Kohlenhydrate extra zu sich nehmen, um den langen Weg wettzumachen. Wir legen unsere Mäntel über die Stühle, sodass andere Restaurantgäste wissen, dass dieser Tisch besetzt ist. Nick ist natürlich der Erste am Büfett und auch der Erste, der wieder am Tisch sitzt. Ich lasse mir Zeit bei der Auswahl der Speisen, nehme viel Salat, eine Backofenkartoffel und mein absolutes Lieblingsgemüse: Rosenkohl. Als ich wieder an den Tisch zurückkomme, bin ich so konzentriert auf das Festmahl auf meinem Teller, dass ich den jungen Mann, der sich in der Zwischenzeit an unseren Tisch gesetzt hat, nicht gleich bemerke.

„Bitte schön, meine Dame", sagt er und zieht mir den Stuhl hervor.

Es ist lange her, dass ich in die Gunst solcher Höflichkeit gekommen bin. Es ist eine nette Geste, aber ich bin nicht sicher, warum dieser Mann überhaupt an unserem Tisch sitzt.

Nick lässt einen Bissen Spaghetti in seinem Mund verschwinden und stellt mir dann seinen neuen Freund John vor. „John stand in der Ecke und sein Teller wurde kalt. Er hatte keinen Platz zum Sitzen", erklärt Nick. „Und wir hatten ja noch einen freien Stuhl."

Nick konzentriert sich wieder darauf, Essen in sich reinzuschaufeln.

„Ich will Sie nicht stören", sagt John entschuldigend. „Es war nur so, dass Nick darauf bestanden hat."

„Gar kein Problem!", sage ich und freue mich, dass Nick trotz seines Protests vorhin zu Hause anscheinend weiß, wie man sich anderen gegenüber verhält. „Guten Appetit, John!"

Während wir essen, erzählt uns John, dass seine Familie hier in der Nähe lebt. Er hat zwei Tage freibekommen und plant, seine Mutter zu überraschen.

„Ich hab ein Taxi vom Flughafen genommen. Doch es war niemand zu Hause", sagt er. „Essen schien mir ein guter Zeitvertreib zu sein, deshalb bin ich hierhergelaufen."

Johns Aufregung darüber, seine Familie zu sehen, wird immer offensichtlicher, als wir ihn näher kennenlernen.

„Meine Mutter war so enttäuscht, als ich ihr sagte, dass ich es wahrscheinlich an Weihnachten nicht schaffe zu kommen", erzählt er. „Die ganze Familie geht an Heiligabend von Haustür zu Haustür und singt da Weihnachtslieder, außer ihr. Sie bleibt zu Hause und backt den Truthahn und bereitet all die Beilagen vor."

Er wird auf einmal still, aber sein Lächeln wird breiter. Als er weitererzählt, sind seine Augen geschlossen. „Der Geruch, der an Heiligabend durch das Haus zieht, ist besser in meinem Gedächtnis verankert als jedes Geschenk, das ich je erhalten habe. Das bedeutet für mich Heimat. Das ist Weihnachten."

Meine Kinder verhalten sich still, während John mit geschlossenen Augen dasitzt. Sogar Nick legt seine Gabel hin und unterbricht sein Kauen.

Johns Erinnerungen katapultieren mich zurück in meine eigene Kindheit – und zu dem Essen, das meine Mutter an

Heiligabend kochte. Es gab meist gebratenen Weißfisch, polnische Soße und Krautwickel. Das Festmahl war der Auftakt zur Mitternachtsmesse, in der meine Mutter polnische Weihnachtslieder mit ihrem Chor sang. Auch wenn mein Vater, der aus Ungarn stammte, kein Wort von den Texten verstand, konnte er sie nach all den Jahren auswendig und schmetterte sie wie ein Muttersprachler.

Ich frage mich, welche Weihnachtserinnerungen meine Kinder mit in ihr Leben nehmen werden. In dem Moment öffnet John seine Augen und sieht, dass wir ihn anstarren.

„Entschuldigung", sagt er verlegen. „Wer holt sich noch einen Nachtisch?"

Die Kinder stehen sofort auf und eilen zum Büfett. John nutzt die Gelegenheit, mich nach ihrem Vater zu fragen.

„War er lange krank?", fragt er leise.

Ich möchte darüber nicht sprechen. Ich möchte nicht traurig sein oder mich schlecht fühlen dafür, dass wir diesen Abend genießen. Aber Rick ist Teil unserer Geschichte, und ich kann seine Existenz nicht mehr verleugnen, genauso wenig, wie John jemals die Kochkünste seiner Mutter vergessen könnte. „Er war kränker, als mir klar war", sage ich schließlich. „Dies ist unser erstes Weihnachten ohne ihn."

John legt seine Hand über meine und sagt mitfühlend: „Das ist hart, aber ich kann sehen, dass Sie stark sind. Mein Vater starb in dem Jahr, als ich die Highschool abschloss. Ich wollte an diesem ersten Weihnachten die ganze Welt zusammenschreien, aber meine Mutter ließ das nicht zu. Sie sagte, ich solle mich an die guten Zeiten erinnern."

Ben, Nick und Megan kehren an den Tisch zurück – beladen mit Schokoladenpudding, Eis mit warmer Schokosoße und Tiramisu.

„Einem von euch wird noch schlecht werden", prophezeie ich.

„Niemals", sagt Nick. „Ich könnte Tonnen davon essen."

Megan isst etwa die Hälfte ihres Tiramisus, schiebt es dann beiseite und sieht uns erwartungsvoll an. „Wir sollten gehen", sagt sie. „Vielleicht wartet zu Hause eine Überraschung auf uns."

Wir erzählen John von den anonymen Geschenken und unserer Hoffnung, Weihnachtsfreude an andere weitergeben zu können.

„Deshalb hab ich Sie an unseren Tisch eingeladen", wirft Nick ein. „Sie waren allein, wir nicht."

„Danke", sagt John. „Es hat total Spaß gemacht. Ein Abend, an den ich mich ganz bestimmt erinnern werde."

Nick hält sich seinen Bauch und grinst. „Ich würde gern ein paar der Hühnerschenkel vergessen. Ich werde bald platzen. Jetzt bloß schnell nach Hause!"

Wir bieten John an, ihn mitzunehmen.

„Ich muss die Kalorien ablaufen", meint er grinsend. „Es sind nur ein paar Straßen weiter."

„Was, wenn Ihre Mutter nicht zu Hause ist?", fragt Ben.

„Ich hab einen Schlüssel. Wenn Sie nicht bald auftaucht, ruf ich sie an."

Wir gehen in Richtung unseres Autos. „Denken Sie an die guten Zeiten", sagt John zum Abschied zu mir. „Ich wünsche Ihnen frohe Weihnachten!"

***

Wir sind fast zu Hause, da bemerke ich ein Auto, das unsere Auffahrt hochfährt.

„Folge ihm", ruft Nick vom Rücksitz aus. „Das müssen sie sein!"

Ben fährt schneller, aber ich bitte ihn, nicht zu nah aufzufahren. „Wir möchten uns doch nicht verraten", sage ich.

Nick und Megan befehlen mir, mich auf dem Beifahrersitz zu ducken, damit wir nicht erkannt werden. Sie ducken sich ebenfalls. Nick holt eine mit Krümeln bedeckte Strickmütze aus seiner Manteltasche und wirft sie Ben zu, damit dieser sich damit tarnen kann.

„Hey Alter, wo hat die denn gelegen?", fragt Ben und weigert sich, sie aufzusetzen. „Sie riecht wie Müsli."

Nick holt eine Handvoll Krümel aus seiner Tasche, riecht daran und probiert dann. „Zimt-Karamell", stellt er fest.

Ben erinnert Nick daran, dass ihm vor ein paar Minuten eigentlich fast schon schlecht war.

„Fahr rechts, fahr rechts!", brüllt Nick in Bens Ohren. „Sie biegen ab."

„Sieht aus wie ein Chevy, ein älteres Modell", sage ich, aber Ben glaubt, es ist ein Ford. Keiner von uns ist sich sicher.

„Es ist blau“, flüstert Megan durch die Lücke zwischen meinem Sitz und der Kopfstütze. „Oder vielleicht schwarz oder dunkellila.“

„Aber vielleicht ist es draußen auch einfach dunkel“, sagt Ben. „Schnall dich wieder an.“

„Fahr links!“ Nick gibt Fahranweisungen, aber er sitzt so zusammengesunken hinter dem Fahrersitz, dass er nicht bemerkt hat, dass vor uns noch ein Volkswagen aufgetaucht ist, der uns die Sicht versperrt. Er beobachtet das falsche Fahrzeug.

Wir folgen dem Auto durch die Wohngebiete von Bellbrook, dann den *Kensington Drive* hinunter, dann weiter die *Clarkston Street* entlang und die *Possum Run*. Wir verlieren das Fahrzeug am Stoppschild der *Little Sugarcreek Road* – oder vielleicht verliert es uns. Wir fahren noch etwa eine halbe Stunde umher, sehen das Auto aber nicht wieder.

Schließlich meint Megan: „Können wir nicht einfach nach Hause fahren und schauen, was sie dagelassen haben?“

„Ich hätte meinen Fuß auf dem Gaspedal lassen sollen. Wir hätten sie einholen können!“, sagt Ben.

Ich lache über seinen Kommentar. „Du hast Glück, dass du überhaupt fahren durftest“, sage ich und erinnere ihn damit an seine nächtliche Spitztour.

Als wir auf die Auffahrt einbiegen, schließt Ben von innen die Türen, um zu vermeiden, dass seine Geschwister schon vor ihm aus dem Auto springen. Als er die Türschlösser wieder freigegeben hat, rennen alle drei wie auf Kommando zur Veranda – und auf die Geschenktüte zu, die dort wartet.

Megan erreicht sie als Erste. Sie nimmt den Beutel hoch und ruft nach einem kurzen Blick hinein: „Ausstechförmchen! Acht Stück!"

„Tatsächlich", sagt Ben. „Ich hab die fehlenden Plätzchen gegenüber Papas Freund erwähnt, und jetzt haben wir Ausstechförmchen bekommen. Das ist kein Zufall."

Die Karte, die dem Geschenk beiliegt, ist anders als die anderen. Es gibt keine besonders hervorgehobenen Buchstaben, keine gemalten Stechpalmenblätter oder Schneemänner mit roten Stiefeln. Die Worte sind schlicht und einfach in schöner Handschrift geschrieben.

„Es sieht aus wie eine deiner Einkaufslisten", sagt Megan zu mir.

Am achten Weihnachtstag
schenken euch eure wahren Freunde
acht Ausstechförmchen
sieben goldene Äpfel
sechs Weihnachtstassen
fünf Engel-Geschenkkarten
vier Geschenkschachteln
drei Rollen Geschenkpapier
zwei Tüten Schleifen
und
einen Weihnachtsstern.
Euch allen.

„Ich wette, Terry hat das noch mal neu aufgeschrieben, nach seinem Besuch gestern", sagt Ben. „Er hatte wahrscheinlich für heute ein anderes Geschenk geplant, aber stattdessen hat er dann die Ausstechformen gekauft."

„Genau", wirft Megan ein, „das würde erklären, warum die Karte so einfach und ohne Verzierungen ist. Wir haben jetzt seit acht Tagen versucht, das Geheimnis zu lösen, doch noch nie Terry nach den Geschenken gefragt. Ich glaube, das ist ein Zeichen."

„Okay, bin ganz Ohr", sagt Ben. „Ein Zeichen für was?"

„Dass wir nicht wissen sollen, wer sie sind", erklärt Megan.

„Unsinn", sagt er.

Alle drei Kinder sehen mich an.

„Wieso Unsinn?", fragt Megan. „Und wenn es bis Weihnachten dauert; ich werde rausfinden, wer dahintersteckt."

***

Es kostet mich keine zwei Minuten, um all die selbst gemachten Karten in meinem Schreibtischfach zu verstecken, damit sie über Nacht nicht verschwinden, sowie die neuen Ausstechförmchen meiner schon vorhandenen Förmchen-Sammlung in der Küchenschublade hinzuzufügen. Als ich zurückkomme, sind meine Kinder verschwunden. Ich höre, wie der Bass von Bens Stereoanlage die Kellerwände an der Treppe vibrieren lässt – und dass Super-Mario-Musik aus der Badezimmertür dringt. Dann höre ich etwas, das so klingt wie ein weihnachtsliedsingender Muppet. Die Töne kommen aus dem Fernseher im Wohnzimmer.

Meine Kinder gehen den Rest des Abends getrennte Wege. Dass sie sich verkrümelt haben, ist nach dem gemeinsam verbrachten Tag eine Enttäuschung für mich. Ich sitze allein auf der Couch, als mir eine Idee kommt.

Fünf Minuten später gehen alle Lichter im Haus aus.

„Ich vermute, ein Stromausfall", sage ich zu den Kindern, die nacheinander zu mir ins Wohnzimmer gestürzt kommen. „All die Lichterketten und Weihnachtsbeleuchtungen sind sicher eine ziemliche Belastung für die Stromleitungen."

„Haben wir Batterien, damit ich mit meinem Gameboy spielen kann?", fragt Nick besorgt.

„Hm, hab in letzter Zeit keine mehr gekauft", sage ich.

Wir zünden viele Kerzen an, aber sogar Lesen ist in dem schwachen Licht sehr mühsam.

„Wie wär es, wenn wir uns gegenseitig Weihnachtsgeschichten erzählen?", schlage ich vor.

Ben stöhnt. Megan ist begeistert. Nick will losziehen und Batterien kaufen.

„Hab ich euch schon mal von dem Weihnachten erzählt, als Papa mir eine Schreibmaschine gekauft hat?"

Noch mehr Stöhnen. Ich ignoriere es.

„Ich hatte, seit ich ein kleines Mädchen war, davon geträumt, Schriftstellerin zu werden. Das Geschenk war eine Art Ermutigung von eurem Vater. Er sagte mir auch, dass er fürchtete, der Erfolg würde uns verändern, mich verändern."

„Er hat sie dir trotzdem geschenkt. Das bedeutet viel“, sagt Ben.

„Ja, es bedeutete sehr viel, aber nicht, wie ihr denkt. Die P-Taste auf der Maschine war kaputt. Er sagte mir: ‚Es ist eine Art Handicap, aber ich hab Vertrauen in dich.‘ Ich war etwas verärgert, sah es aber als Herausforderung. Es hat Spaß gemacht, wisst ihr, fast wie ein Spiel, das wir zusammen spielten, während ich schrieb. Einige Monate später fand ich die fehlende P-Taste in dem Schließfach unter dem Bett.“

„Ich wette, du warst wütend“, sagt Nick. „Und dann?“

„Ich hab ihm ein Jahr später ein Set Golfschläger für Linkshänder bei einem Garagenverkauf gekauft.“

Rick war Rechtshänder, und er lachte herzlich, als er die Schläger rausnahm und ihm die Sache klar wurde. In dem Vorderfach der Hülle, die für die Golfbälle gedacht ist, fand er die fehlende P-Taste und einen Geschenkgutschein für einen Satz Golfschläger für Rechtshänder.

„Ich kann mich nicht erinnern, dass Papa besonders viele Geschenke gekauft hat, aber die, die er gekauft hat, waren besonders, wie meine elektrische Eisenbahn“, erinnert sich Nick. „Er hat sie zwei Tage lang ausprobiert, bevor er mir dann die Kontrollpanels übergeben hat.“

Als Ben sein erstes Zehngang-Fahrrad geschenkt bekam, hatte Rick ebenfalls versucht, das Gekaufte ausgiebig zu testen, aber mein Ältester hatte das nicht so toll gefunden.

„Er sah auf dem Fahrrad irgendwie lächerlich aus“, sagt Ben. „Seine Knie haben an den Lenker gestoßen. Und dann ist er mit meinem Rad am Neujahrstag gegen einen Mülleimer gefahren." Ben lacht kurz auf.

Jetzt meldet sich Megan zu Wort. „Wisst ihr noch, dass er mir letztes Jahr zu Weihnachten die Schmetterlingshaarspangen geschenkt hat? Und ich durfte sie gleich mal an seinen Haaren ausprobieren." Megan kichert.

Rick war zum Weihnachtsfrühstück in seinem neuen Bademantel und mit einem Dutzend kleiner Minizöpfe in seinem kurzen schwarzen Haar erschienen. Megan hatte an jedem Ende eine bunte Spange befestigt.

„Das würden bestimmt nicht viele Väter mitmachen", meint sie.

Wir reden weiter – über Rick, über Weihnachtsfeste und Geschenke aus vergangenen Jahren. Es ist gemütlich, und auch ohne Licht hab ich das Gefühl, dass fröhliche, helle Stimmung das Haus erfüllt.

9
Der neunte Weihnachtstag

Es war großzügig von meinem Chef gewesen, dass er mir freigegeben hatte, deshalb widersprach ich nicht, als er meine Bitte, heute wieder zu Hause bleiben zu dürfen, ablehnte. Er brauchte mich im Büro, um ein paar Geschichten zu schreiben, die die Weihnachtszeit über aktuell sind und spontan ins Blatt genommen werden konnten.

„Jeder will um diese Zeit freihaben", sagt er entschuldigend. „Doch die Zeitungsseiten müssen ja gefüllt werden."

Ich lasse die Kinder, die schon Ferien haben, nur ungern zurück, aber ich weiß auch, dass ich nur noch wenige Urlaubstage für dieses Jahr übrig habe. Ich entscheide, das Beste daraus zu machen, und breche frühzeitig auf. Ich verstaue mehrere Schachteln mit Süßigkeiten in einen großen Beutel – Geschenke für meine Kollegen.

Ben schläft immer noch, aber ich rede vor dem Gehen kurz mit meinen beiden Jüngsten, weil mich interessiert, was sie heute für Pläne haben.

„Keine Sorge“, sagt Nick. „Ich hab meinen Gameboy und die Müslipackung. Ich werd damit im Bett bleiben.“

„Wie wär’s, wenn du Megan beim Baumschmücken hilfst?“, schlage ich vor.

„Ich werd’s beaufsichtigen … vielleicht von der Couch aus“, bekomme ich zur Antwort.

Ich höre das Rascheln von Geschenkpapier aus Megans Zimmer, deshalb klopfe ich an ihre geschlossene Tür und frage, ob sie Hunger hat.

„Dumme Frage, Mama“, ruft sie, kommt aus dem Zimmer und folgt mir in die Küche. „Ich hab immer Hunger.“

Megan schaufelt das Müsli in sich rein, den linken Ellbogen auf der Tischplatte und den Kopf in der Handfläche abgestützt. Sie schielt dabei fortwährend zum Baum hinüber.

„Kann man was draus machen. Er muss nur geschmückt werden“, murmelt sie.

Megans weihnachtliche Lieblingsbeschäftigung war es immer, in den Kisten zu stöbern und Glaskugeln, Glocken, Engel und all die Dinge auszugraben, die man an den Baum hängen konnte. Wir machten gern Witze darüber, dass in ihrer Armhöhe stets der meiste Schmuck hing. In ihrer Aufregung verstreute sie beim Auspacken die alten Zeitungen und Plastiktüten, in denen ich die Anhänger aufbewahrte, über den ganzen Fußboden. Sie schaffte es auch immer, die Geschenkbänder in wirre Knäuel zu verwandeln. Das Aufräumen hinterher dauerte immer länger als das Schmücken.

Einen Anhänger nach dem anderen zum Baum zu tragen, reichte meiner Tochter nie, auch wenn die Schachteln nur einen Meter entfernt auf dem Boden standen. Sie beharrte stets darauf, einen Haufen Anhänger auf einmal zum Baum zu transportieren, was einige Verluste zur Folge hatte. Früher oder später fiel ihr ein Schneemann oder eine Glaskugel aus der Hand, und der Verlust der Kostbarkeiten machte sie fast immer traurig. Megans Missgeschicke hatten mich irgendwann dazu gebracht, die Anhänger in „wertvoll" und „ersetzbar" einzuteilen. Die wirklich Besonderen durfte sie dann nicht mehr aufhängen.

Als Megan noch kleiner war, hatte sie Rick dazu überredet, für einen runtergefallenen Engel ein Grab im Garten auszuheben. Sie konnte es nicht ertragen, dass die zarte Figur die Ewigkeit im Mülleimer verbringen sollte.

Vom Küchenfenster aus hatte ich beobachtet, wie sie beieinanderstanden, neben dem Klettergerüst. Megan sprach ein kurzes Gebet über dem Häufchen Erde. Ich war irgendwie neidisch auf den Moment, den sie miteinander teilten, aber auch mit Dankbarkeit erfüllt.

Er hätte alles für sie getan – für alle von uns.

Die Situation hatte auch ihn berührt. Er kam verwandelt zurück ins Haus.

Rick machte es sich nun zur Aufgabe, sich eine Möglichkeit auszudenken, wie seine Tochter ohne weitere Verluste den Baum schmücken konnte. Vor dem Abend, an dem wir den Baum schmückten, kaufte ich immer eine Packung mit ganz einfachem, billigem Plastikschmuck – für den Probelauf von Ricks jährlichem Experiment. Einmal versuchten wir es mit einem Korb, aber er fiel um, als Megan auf Zehenspitzen stand, um an die höheren Äste zu kommen. Die Anhänger in einer Mulde in ihrem Sweatshirt zu tragen, war eine weitere Idee von ihm – bis Megan dann beide Hände brauchte, um das Jesus-Baby an einem Zweig zu befestigen …

Dieses Jahr würde es das erste Mal sein, dass Megan das Schmücken allein übernehmen muss.

„Warum wartest du nicht, bis Ben aufwacht und schaust, ob er helfen kann?“, frage ich.

Keiner von uns glaubt, dass das passieren wird, so mache ich einen erneuten Versuch, in der Hoffnung, das Haus vor dem Chaos zu bewahren.

„Wie wär es, wenn du immer nur eine Schachtel öffnest und nicht alle gleichzeitig? Häng die Anhänger auf und leg das Verpackungsmaterial zurück, wenn du mit einer Schachtel fertig bist.“

Megan rollt mit den Augen. „Du kennst mich, Mama“, antwortet sie leicht genervt.

„Betrachte das Baumschmücken als eine Art Spezialauftrag“, sage ich und tippe ihr auf die Nasenspitze.

Megan beendet ihr Frühstück und kehrt wegen eines „geheimen Projekts“ zurück in ihr Zimmer. Ich mache eine Liste mit noch ausstehenden Weihnachtsbesorgungen, bevor ich ins Büro gehe. Heiligabend steht vor der Tür, und ich habe meiner Familie noch nicht bestätigt, dass die Feier hier stattfinden wird, wie in den vergangenen Jahren. Seit ich neulich meinen

Einkaufswagen in dem Gang mit den Fahrrädern stehen ließ, habe ich keinen weiteren Versuch mehr unternommen, die Weihnachtsbesorgungen in Angriff zu nehmen.

„Heute Abend gehst du zurück in die Spielzeugabteilung", sage ich zu mir selbst. „Oder vielleicht in einen der am Rand gelegenen Läden im Einkaufszentrum."

Nick hat am Abend Ringkampftraining und Megan Basketballtraining. Das würde mir drei Stunden freie Zeit verschaffen. Ich wollte Megan einen neuen Weihnachtspullover kaufen sowie Möbel für Nicks neues Zimmer. Hinter Bens Namen lasse ich noch ein Fragezeichen stehen. Rick hatte die Idee mit Sitzbezügen für Bens Nissan gehabt. Doch nun, da ich Bens Autoschlüssel konfisziert habe, finde ich es klüger, mir ein anderes Geschenk einfallen zu lassen.

***

In der Redaktion ist es ziemlich ruhig, da nur drei von uns da sind. Ich schreibe eine Geschichte über verschärfte Kontrollen auf den Autobahnen während der Feiertage. Polizeireviere machen über die Weihnachtsfeiertage genauso wenig zu wie wir. Ich schreibe den Artikel in weniger als zwei Stunden – in der Hoffnung, nach Hause zu können, aber mein Chef gibt mir eine weitere Aufgabe.

„Viel Spaß damit", sagt er. Da in einigen Tagen die Jahrtausendwende ansteht, hat er mich gebeten, etwas über unsere Stadt Dayton an Silvester im Jahr 1900 zu schreiben.

Ich finde alles, was ich brauche, in den Zeitungsarchiven. Damals gab es keine großen Partys, nur Familienfeiern. Die Idee gefällt mir. Es scheint mir so, als hätte sich die Familie in den zurückliegenden hundert Jahren nicht allzu sehr verändert.

Die große Schlagzeile damals war das Wetter. Eisige Temperaturen hatten den *Great Miami River* zufrieren lassen; die dicke Eisdecke lockte von überallher Schlittschuhläufer an. Ich stelle mir Frauen mit hochgesteckten Haaren vor, die zusammen mit Herren in Filzhüten über das Eis gleiten …

Meine Geschwister und ich waren früher jeden Winter ebenfalls Schlittschuhlaufen gewesen. Ich erinnere mich, wie ich noch tagelang etwas steif umherlief, wenn ich einen Nachmittag auf der unebenen Eisfläche verbracht hatte. Es gab damals noch keine Fahrzeuge, die die Oberfläche geglättet haben, und ich landete häufiger auf dem Rücken als in der Senkrechten zu bleiben.

Das einzige Mal, dass ich es wirklich genoss, eiszulaufen, war, als Rick neben mir fuhr und dafür sorgte, dass ich aufrecht blieb. Von ihm gehalten konnte ich wie eine Olympiasportlerin über das Eis gleiten. Genauso *sicher und getragen bin ich bislang durchs Leben geglitten – bis zu seinem Tod. Rick war mein Halt. Jetzt lerne ich, selber übers Eis zu laufen. Ich weiß, es gibt immer noch ziemlich unebene Abschnitte, aber ich bin nicht allein. Gott ist da, und ich habe Menschen an meiner Seite.*

Ich beende meinen historischen Artikel mit einer Anekdote über eine edle Heldentat: Zwei an eine Kutsche gespannte Pferde – ohne Kutscher – waren entlaufen. Die Umherstehenden standen sprachlos da, als ein Passant plötzlich beherzt auf den fahrenden Wagen aufsprang und die Pferde unter Kontrolle brachte. Wenn man Berichte liest, die Menschen über einen bestimmten Moment verfasst haben, beschleicht einen nicht selten das Gefühl, man habe eine fiktive Geschichte vor sich – und weniger eine Darstellung über das wirkliche Leben. Heute springen Helden nicht mehr auf Kutschwagen, die von entlaufenden Pferden gezogen werden. Sie hinterlassen stattdessen anonyme Geschenke vor der Haustür …

Die Episode mit den Pferden erinnert mich an unsere wahren Freunde – und an das Versprechen, das ich letzten Abend unseren Kindern gemacht habe: Ich werde *Gem City Engineering* anrufen und versuchen, die private Nummer von Terry herauszufinden. Die Dame in der Vermittlungsstelle will sie mir nicht geben, aber verspricht, ihm eine Nachricht zu hinterlassen. Ich rufe danach Tom an, weil er bestimmt die Nummer von unserem alten Freund hat, doch ich bekomme nur den Anrufbeantworter zu hören.

***

Ich mache zu Hause halt, um vor dem Einkaufen in Jeans und Turnschuhe zu schlüpfen. Das Haus ist dunkel, deshalb lege ich den Schalter an der Tür um, woraufhin die Weihnachtsbaumbeleuchtung angeht. Ich erwarte einen mit Lametta, Kugeln und Engeln geschmückten Baum, doch der steht so nackt wie am Morgen da.

Es ist klar, dass die Ursache für seine Kargheit nicht darin liegt, dass man sich keine Mühe mit dem Baum gegeben hat. Durchwühlte Schachteln stehen verstreut auf dem Boden des Wohnzimmers. Die Glaskugeln liegen nach Farben sortiert auf dem Kaffeetisch: rot, grün, silber, gold. Jemand, der Megan nicht weiter kennt, würde meinen, sie habe den Schmuck sortiert.

Nicht so mein Mädchen. Sie sucht etwas.

Dem Anblick des Zimmers nach zu urteilen, hat sie es noch nicht gefunden. Ich hole die Trittleiter aus der Garage und trage sie zum Schrank im Wohnzimmer. Ich weiß, was sie sucht – und wo es sich befindet. Ich stelle mich auf Zehenspitzen, taste mit der Hand in dem geöffneten Fach über mir, als meine Finger die große Blechdose erfühlen, auf der die Notiz „wertvoll" steht. Ich schiebe sie nach vorn, bis ich sie mit beiden Händen packen kann.

Während meine Finger über die kühle Oberfläche des Deckels gleiten, studiere ich das Bild, das auf dem Deckel eingraviert ist: ein weißes Schloss, gebaut für König Ludwig II. von Bayern, das Bauwerk also, das als Modell für das Disneyland-Schloss diente. Neuschwanstein. In der Dose befanden sich einst Schokoladenkekse, ein Geschenk von einem Kunden von *Gem City Engineering*. Die Kekse waren schnell verputzt, aber die wunderschöne Keksdose war mir sehr kostbar geworden.

Ich setze mich mit der Dose nah am Baum auf den Fußboden.

Die Dose enthält die Geschichten aller meiner Familienweihnachten. Jedes Jahr ist einzeln in weißes Serviettenpapier gehüllt. Eine Braut und ein Bräutigam stehen Seite an Seite auf einem Stück Keramik, auf dem geschrieben steht: „Unser erstes Weihnachten" sowie in goldenen Buchstaben: „1980". Ein kleines Baby im roten Pyjama lächelt auf dem Foto von der Feier, die wir 1982 zu Bens Geburt feierten. Es gibt einen kleinen Spielkugelschreiber mit einem Teddy, ein Geschenk anlässlich Nicks Geburt im Jahr 1987. Das Schaukelpferd für Megan markiert das Jahr 1989.

Meine Mutter hatte diese Dinge über die Jahre gekauft. An Weihnachten, als mein Vater starb, erklärte sie mir den Grund dafür.

„Gib diese Dinge eines Tages deinen Kindern, damit sie sie selbst an den Weihnachtsbaum hängen können. Sie werden erwachsen sein und sich an mich erinnern. Sage ihnen, die sind von mir und Großvater. Sag ihnen, sie wurden schon geliebt, bevor sie geboren wurden."

Ich bin versucht, diese Erinnerungsstücke selber an den Baum zu hängen, aber stelle sie für Megan beiseite, damit sie sie unter meiner Aufsicht aufhängen kann. Ich habe ihr die Geschichte dieser kostbaren Anhänger schon einmal erzählt. Ich werde sie ihr noch mal beim Aufräumen erzählen.

Ich ziehe mich wie geplant um, schnappe meine Handtasche und gehe in Richtung Tür. Das Einkaufszentrum wartet auf mich. Meine Kinder brauchen Geschenke. Ich bin gerade an der Tür angekommen, als ich ein Auto um die Ecke fahren sehe.

„Einen Augenblick", sage ich laut.

Das Fahrzeug hat Ähnlichkeit mit dem, das wir neulich verfolgt haben.

Keine Zeit, die Tür zu schließen oder die Lichter auszumachen. Ich halte die Stellung und starre auf das vorbeifahrende Auto. Es hält nicht an, aber ich stelle mir vor, dass der Beifahrer sich in seinem Sitz duckt, so wie ich neulich.

Als das Auto um die Ecke gebogen ist, setze ich mich blitzschnell in Bewegung, denn ich vermute, sie fahren eine Runde um den Block und kommen in ein paar Minuten zurück. Ich renne nach draußen und fahre meinen Pontiac in die Garage, dann mache ich das Licht aus, damit es so aussieht, als ob keiner zu Hause ist. Ich krieche auf dem Wohnzimmerboden neben das Frontfenster, das Fernglas auf die Straße gerichtet, als mein Haar sich an einem tief hängenden Weihnachtsbaumzweig verfängt.

„Mist!", zische ich. Ich ziehe an meinem Haar, das sich zum Glück wieder aus den Nadeln löst, aber der Baum fällt dabei fast um.

Ich bin heilfroh, dass ich den wertvollen Baumschmuck nicht aufgehängt habe.

Ich gebe meinen gefährlichen Beobachtungsposten wieder auf, immer noch einen Zweig im Haar, und renne in Nicks Schlafzimmer, in der Hoffnung, dort einen besseren Beobachtungsposten zu haben. Ich erreiche sein Fenster rechtzeitig und sehe in mehr als einem Block Entfernung eine einsame Person aus einem Auto steigen.

Eine kleine Figur bewegt sich still die Straße in Richtung unseres Hauses und wird mit jedem Schritt größer. Die dunkel gekleidete Person läuft ganze Abschnitte im Schatten, sodass ich sie mehr als einmal aus den Augen verliere. Die Person verschwindet wieder irgendwo hinter dem Blumenbeet nahe unseres Hauses.

Ich bin voller Aufregung. Unser anonymer Engel steht jetzt genau unter diesem Fenster und wird gleich auf die Terrasse treten, wo ein Mondlichtstrahl mir seine oder ihre Identität verraten wird.

Sekunden verstreichen, ohne eine Bewegung. Ich zögere, überlege, ob ich nach unten rennen und die Haustür öffnen soll, aber ich möchte meine Augen nicht von der Veranda wenden. Während ich meinen Körper gegen die Wand drücke, versuche ich, bessere Sicht zu bekommen. Ich strecke mich, um mich auf den Rand eines alten Hundefutter-Eimers zu stellen, in dem sich Nicks Legosammlung befindet. Während ich auf den dünnen Plastik-Kanten balanciere, spähe ich aus der Fensterecke. Meine schweißnasse Hand greift nach der Wand, um Halt zu suchen. Ich teste, ob die Gardinenstange Halt gibt, doch sie ist schon recht lose. Mein Herz klopft, und ich denke an Rick, aber diesmal habe ich keine Angst. Ich bin zu aufgeregt. Der Blick von hier ist so viel besser. Ich kann sehen, wie jemand um den Buchsbaum geht.

Die mysteriöse Figur tritt aus dem Schatten heraus … und ich falle runter.

Ich sehe vor meinem inneren Auge noch ein Lächeln aufleuchten, bevor ich ins Legoland stürze.

Ich stoße meinen Kopf am Rahmen von Nicks Wasserbett, und mein Rücken landet auf Hunderten von Bausteinen. Tief in meinem Inneren breitet sich ein Lachen aus. Ich versuche es zu unterdrücken, aber es lässt sich nicht kontrollieren.

Es muss die Beule an meinem Kopf sein, denke ich und reibe die wachsende Ausbuchtung, durch die ein Schmerz zuckt. *Oder vielleicht bin ich glücklich.*

Das Gefühl wärmt mich, so, wie wenn man ein neugeborenes Baby hält. Ich stelle mir vor, wie mich meine Kollegen, die Kinder oder sogar Rick auf dem Boden liegen sehen. Er würde am lautesten lachen. Ich würde mit ihm lachen.

Das tue ich dann auch. Am Boden liegen und lachen. Ich kann nicht mehr aufhören.

Als ich wieder zu mir komme, um aufzustehen, ist die Straße leer. Das Auto, das am Ende der Straße stand, ist weg, aber unser Weihnachtsgeschenk für den neunten Tag wartet auf mich. Während ich nach unten gehe, um es zu holen, versuche ich, mir das Gesicht vorzustellen, das mich angeschaut hat. Es war eine Frau, auf jeden Fall ein Mädchen. Oder vielleicht ein Teenager-Junge? Vielleicht ein älterer Mann? Ich muss zugeben, dass ich keinen Plan habe, aber das lässt mich nur noch mehr lachen. Dieses Lächeln bestätigt mir, dass unser wahrer Freund mich fallen gehört hat oder sich zumindest gut beim Schenken fühlte.

Ich bin bereit, mich ebenfalls so zu fühlen.

Ich gehe ohne Mantel aus der Tür. Ich muss Geschenke kaufen. Ich halte nicht an, um in die Geschenktüte auf der Veranda zu sehen – das können wir später alle gemeinsam tun.

Meine Kinder werden ihr Weihnachtsfest bekommen, und wenn ich die Identität meines lächelnden Freundes rausbekomme, werde ich sicherstellen, dass Weihnachten für uns alle besonders wird. Ich komme eine Stunde vor Schließzeit im Einkaufszentrum an und durchforste die Läden. Ich kaufe drei Outfits für Megan, einschließlich eines neuen roten Pullovers. Nick bekommt neue Jeans und Jogginghosen. Ich kaufe Laufschuhe für Ben sowie Snowboots für alle. Das Gewicht der Einkaufstüten ist gutes Training für meinen Bizeps, und es fühlt sich wunderbar an.

Ein kleines Mädchen, das mit seiner Mutter durch die Schuhabteilung läuft, kommt an der Kasse auf mich zu. „Entschuldigung, Sie haben ein Stück Weihnachtsbaum in Ihrem Haar", sagt sie.

Es stimmt, ich habe immer noch den Zweig im Haar.

Mein Ausflug ins Einkaufszentrum endet damit, dass der Angestellte des Kaufhauses mich bittet zu gehen. „Wir schließen", sagt er mehr als deutlich zu mir.

Kein Problem. Ich muss meine Kinder abholen. Heute Abend ist keine Zeit mehr, ein Bett für Nick oder irgendwas von dem zu kaufen, was sich Megan und Ben wünschen. Ich bin weihnachtlich verspätet, aber ich werde die verlorenen Wochen wieder aufholen. Ich werde bis zum 24. Dezember fertig sein.

***

Eine beschwingte Mutter holt Nick und Megan von ihrem Sporttraining ab. Es juckt mich, sie nach den Dingen auf ihren Wunschzetteln zu fragen.

„Kein Problem", sagt Nick und zieht ein Notebook aus seinem Rucksack. „Von welchem finanziellen Rahmen reden wir?"

Megan hat noch keinen Wunschzettel geschrieben. Ihr Bruder reicht ihr ein Blatt Papier und spornt sie an loszulegen. Als Megan fragt, ob ich heute Abend Weihnachtseinkäufe gemacht habe, fühlt es sich gut an, wahrheitsgemäß zu antworten: „Viele."

Als wir zu Hause ankommen, ist das Geschenk auf der Veranda verschwunden, aber die Weihnachtsbaumbeleuchtung erhellt das Fenster. Ben muss also schon da sein. Seine Geschwister und ich stürmen ins Haus und bombardieren ihn mit Fragen.

„Wo ist es?", rufe ich.

„Haben wir wieder ein Geschenk bekommen?", brüllt Nick.

Ben kommt und zeigt auf den Esszimmertisch, wo er zur Dekoration in die Mitte neun Kerzen gestellt hat. Der Tisch ist mit unserem Weihnachtsgeschirr gedeckt und in der Küche köchelt ein Topf mit Spaghetti auf dem Herd. Die Kochkurse, die er in der Highschool belegt hat, scheinen sich also auszuzahlen, denke ich.

„Das Abendessen ist fertig, Mama." Ben lächelt mich stolz an.

Ich freue mich und klopfe ihm anerkennend auf die Schulter. „Toll. Du hast dich aber ins Zeug gelegt heute!"

Ich werde dieses Abendessen nie vergessen, das erste glückliche Abendessen seit Ricks Tod. Wir sitzen zusammen im

Schein der geschenkten Weihnachtslichter. Ben erzählt von einem neuen Videospiel, das er derzeit mit Robert spielt, und ich nehme mir in Gedanken vor, es ihm zu kaufen. Dann erzähle ich meinen Kindern von dem Artikel, den ich heute geschrieben habe und von den entlaufenden Pferden. Wir planen, alle am Neujahrstag Schlittschuhlaufen zu gehen.

Bevor die letzte Spaghetti verputzt ist, kommen wir überein, die ganze Familie an Heiligabend zu uns einzuladen – wie immer.

Ich bin so mit unserer Unterhaltung beschäftigt, dass ich ganz vergesse, Ben zu fragen, ob unsere wahren Freunde wieder eine Karte hinterlassen haben. Es fällt mir später ein, nachdem Megan und Nick die Reste des Einwickelpapiers vom Wohnzimmerfußboden geräumt haben.

„Oh. Ich glaube schon, dass wir eine Karte bekommen haben, aber ich hab sie nicht gelesen", sagt Ben. „Ich hab erst mal die Kerzen rausgenommen, dann kam mir die Idee, Abendessen zu machen, und ich hab die Tüte weggeworfen."

Ben sucht im Mülleimer und schaut mich nach einer Weile ratlos an. „Ein weiteres Geheimnis?", fragt er.

Nick ist über den Verlust der Nachricht ziemlich aufgebracht, weil er jetzt keine Möglichkeit hat, nach Hinweisen auf der Karte zu suchen. „Wir haben noch nicht mal das erste Geheimnis gelüftet", schmollt er.

„Wir werden schon noch rausfinden, von wem die Geschenke sind. Reg dich nicht auf", sagt Megan. Dann schaut sie uns alle an. „Ich weiß, was auf der Karte stand. Wollt ihr, dass ich es singe?"

Ben findet das gar nicht lustig.

Megan streckt ihm die Zunge raus und befestigt Haken an den Anhängern, die sie auf dem Kaffeetisch zurückgelassen hatte. Nachdem sie sieben davon an ihrem Pullover befestigt hat, geht sie rüber zum Baum.

Ben wird die Ehre zuteil, den aus einer Toilettenpapierrolle gebastelten Engel an der Spitze aufzuhängen. Danach streckt er sich auf der Couch aus und zeigt Megan die kahlen Stellen in den Zweigen. Ich finde so die perfekten Stellen für jeden unserer besonderen Schmuckanhänger. Als der Baum fertig geschmückt ist, bringen wir die leeren Schachteln zurück in den Kellerschrank. Die mittlerweile leere Blechdose, in der bis gerade eben unsere besonderen Weihnachtserinnerungen geschlummert haben, wird unter dem Baum platziert. Wir legen die Karten von unseren wahren Freunden hinein – zumindest die, die wir bis jetzt bekommen haben. Auch sie sind jetzt für immer Teil unserer Weihnachtsgeschichte.

Im Keller packe ich unsere Renovier-Utensilien weg und spähe in Nicks neues Zimmer. Es ist fast fertig für den Einzug. Die Wände sind gestrichen und der Teppich gesäubert. Jetzt fehlen nur noch die Möbel.

Nick rennt in sein altes Zimmer, um die ersten Gegenstände für sein neues Domizil abzutransportieren. Dann hör ich ihn rufen:

„Wer hat meine Legosammlung durcheinandergebracht?“

10

Der zehnte Weihnachtstag

Am nächsten Morgen schlafen die Kinder noch, als ich die Haustür hinter mir zuziehe. Ich treffe um 7 Uhr im Büro ein, lasse die Mittagspause aus und verabschiede mich acht Stunden später ohne schlechtes Gewissen von meinen Kollegen. Ich muss mit den Weihnachtsbesorgungen weitermachen, und ich möchte rechtzeitig zum Abendessen zu Hause sein.

Die Fahrt zum Discounter soll schnell gehen, da ich auch noch ein Fahrrad für Nick besorgen muss. Ich fahre auf den Parkplatz und steige aus. Gerade, als ich mich den Einkaufswagen zuwenden will, veranlasst mich etwas anzuhalten. Die verblassende Dezembersonne erleuchtet das Innere eines Kombis und zaubert einen Regenbogen aus tanzenden Farben an die Scheiben. Ein Blick in den Wagen – und meine Kaufabsichten verwandeln sich beinahe in kriminelle Energie. Dort, auf dem Beifahrersitz – über einem Berg mit Einkaufstüten thronend –, stehen die identischen Zwillinge unseres Weihnachtssterns, den unsere mysteriösen wahren Freunde am ersten Tag auf der

Veranda hinterließen. Ich weiß, ich sollte nicht auf dem Parkplatz umherstreifen und den Anschein erwecken, als wolle ich in das Auto neben mir einbrechen. Aber das identische Packpapier, das um die beiden Pflanzen gewickelt ist, könnte mein erster brauchbarer Hinweis auf die Identität unserer Geschenkebringer sein. All die Lektionen, die ich in der Grundschule beim Lesen von Nancy Drews Amateurkrimis gelernt habe, steigen jetzt an die Oberfläche.

Ich blicke mich langsam auf dem Parkplatz um, um sicherzugehen, dass keiner zuschaut, dann rüttele ich an der Kombitür … nur um sicher zu sein.

Natürlich ist er abgeschlossen.

Ich fahre mit den Fingern durch mein Haar und fühle Schweißperlen an meinen Schläfen, obwohl die Temperatur eisig ist.

Ich muss einen Weg in dieses Auto finden. Wenn ich weiß, wo diese Weihnachtssterne gekauft wurden, könnte das sehr viel über die Identität unserer wahren Freunde verraten. Wenn der Kauf in Bellbrook getätigt wurde, kann ich Ricks Kollegen und auch meine Kollegen als Verdächtige ausschließen. Keiner von ihnen wohnt in unserem südlichen Vorort von Dayton. Mit Sicherheit würden sie es nicht riskieren, dabei erwischt zu werden, wie sie in unserem kleinen Vorort einen Weihnachtsstern kaufen – jedenfalls nicht, wenn sie ihre Identität verbergen wollen.

Falls die Weihnachtssterne von demselben Laden hier in der Stadt sind, dann ist Megans Pfadfindergruppe oder jemand aus der Schule einer der Hauptverdächtigen auf meiner Liste.

Ich muss nur einen Blick auf das Preisschild werfen.

Ich setze meine Kapuze auf, um mein Gesicht vor den Passanten zu verbergen, und werfe einen näheren Blick in das Auto. Ich drücke meine Nase gegen das Fenster und kann so den weißen Aufkleber auf dem Einwickelpapier sehen. Der Hinweis ist so nah, aber ich kann den Namen des Ladens auf dem Schildchen nicht lesen. All meine Bedenken habe ich ad acta gelegt. Ich kann in diesem Moment nur noch daran denken, dass die Möglichkeit, die Anonymität der Geschenkebringer aufzudecken, genau hier hinter der Autoscheibe liegt, fast in Reichweite.

Ich rüttle ein weiteres Mal am Türgriff, jetzt heftiger, als zwei junge Männer auf mich zukommen.

„Können wir Ihnen behilflich sein?“, fragt der eine von beiden.

Meine Hände fliegen fast nach oben wie bei einem Straftäter, der auf frischer Tat ertappt wurde. Ich stehe zwei in blau gekleideten Angestellten des Marktes gegenüber. Ich habe sie nicht kommen sehen. Mein Autoschlüssel rutscht mir aus der Hand und fällt einem der beiden vor die Füße.

Mein einzig hörbarer Kommentar in diesem Augenblick ist: „Oh, sie haben mich saumäßig erschreckt!“ Megans vorwurfsvolle Stimme klingt in meinem Kopf, weil ich dieses unanständige Wort gesagt habe, und ich frage mich, wie ich meiner Tochter erklären soll, dass ihre Mutter Weihnachten im Kittchen verbringt.

Der Angestellte hebt den Schlüssel vom Asphalt auf und bemerkt, dass der Pontiac-Schlüssel nicht zum Volvo passt, neben dem ich stehe.

„Sie sind also nicht aus *Ihrem* Auto ausgeschlossen", kommentiert der Mann. „Der Manager hat alles gesehen. Wir haben es auf Video."

Ihr Manager hat also meine Eskapaden auf der Überwachungskamera beobachtet, und angenommen, ich wäre aus meinem Auto ausgesperrt, ein Alibi, das nun durch den blöden Schlüssel zunichtegemacht wurde. Ich bekomme plötzlich Angst, sodass die Worte nur so aus meinem Mund sprudeln. „Mein Mann ist gestorben … meine Kinder sind verzweifelt. Wir bekommen diese anonymen Geschenke, und ich muss rausfinden, von wem sie sind …"

Als sie nicht gleich antworten, spreche ich weiter.

„Dieser Weihnachtsstern in diesem Auto … ich muss wissen, aus welchem Laden er ist. Ich *muss* es wissen."

Die zwei Männer stehen da und starren erst mich an, werfen sich dann gegenseitig bedeutungsvolle Blicke zu und schauen schließlich in Richtung des Volvos. Eine Gruppe von Passanten hat sich mittlerweile um uns versammelt. Es ist mir so peinlich.

„Wir sollten wohl zum Manager gehen", sagt der junge Angestellte, der meinen Schlüssel in der Hand hat. Aber er tut es nicht, stattdessen geht er dicht an die Scheibe des Volvos heran und blickt hinein. „Das ist keiner von uns", sagt er, nachdem er die Pflanzen inspiziert hat. „Alle unsere kleinen Weihnachtssterne haben grünes Geschenkpapier."

„Ich habe einen von Kroger", ruft eine Dame aus der Menge. „Lassen Sie mich mal einen Blick reinwerfen."

Während die Menschen sich um das Fenster drängen, scheint es mir, als ob jeder von ihnen in dieser Saison schon einen Weihnachtsstern gekauft hat – und jetzt sehen will, ob seiner zu denen im Auto passt. Sie alle wollen mir helfen, das Geheimnis zu lösen. Einer nach dem anderen starren sie hinein und schütteln dann den Kopf. Keiner erkennt, wo die Pflanze gekauft wurde.

Der Angestellte mit meinem Schlüssel in der Hand kommt wieder auf mich zu.

„Ich muss wieder reingehen. Versprechen Sie mir, dass Sie nichts Dummes tun?"

Ich verspreche es und er gibt mir meinen Schlüssel zurück. Ich hasse es aufzugeben, aber ich muss das Fahrrad kaufen und dann schnellstens nach Hause. Die Kinder warten auf mich.

Während ich gehe, um mir einen Einkaufswagen zu holen, schiebt eine ältere Frau einen Wagen voller Weihnachtssterne an mir vorbei – es müssen mindestens zehn sein. Ich drehe mich um, um zu sehen, wohin sie geht. Als sie am Volvo anhält, gehe ich langsam auf sie zu.

Sie rückt gerade Kisten voller Weihnachtssterne im Kofferraum ihres Kombis zur Seite, um Platz für die neuen zu machen, als ich sie anspreche.

„Entschuldigung, können wir kurz reden?"

„Wenn Sie Geld wollen: Ich hab nichts", sagt sie kurz angebunden und macht etwas schneller. Ich kann sehen, dass sie nervös ist. Sie denkt vielleicht, ich sei nicht ganz zurechnungsfähig.

„Ich will wirklich nur etwas wissen", versichere ich ihr. „Ich muss Sie nach den Weihnachtssternen auf Ihrem Vordersitz fragen. Mein Mann ist gerade gestorben, ich weiß, das macht keinen Sinn, aber … bitte."

Sie reibt den Ring an ihrer linken Hand und ihr Gesichtsausdruck wird weicher. Ich helfe ihr, den Rest der Blumen in den Kofferraum des Wagens zu laden.

„Ich könnte eine Tasse Kaffee brauchen", sagt sie und schlägt die Kofferraumtür zu. „Wie wär es, wenn Sie mir eine spendieren?"

Wir fahren jeder mit seinem Auto zum Café Frisch gegenüber und treffen uns in einer Nische hinten im Schnellrestaurant. Sie bestellt Kaffee und ein Stück Kuchen, ich eine Cola light.

„Ich weiß nicht, wo ich anfangen soll", sage ich ihr, beschämt, dass ich sie von ihrer eigenen Familie, ihrem Leben, wegziehe. Ich erzähle ihr von Rick, den Kindern, den Geschenken.

Sie hört zu. Sie nickt. Sie trinkt ihren Kaffee und isst den Kuchen.

„Zuerst wollte ich nichts zu schaffen haben mit den Geschenken", erkläre ich. „Ich wollte sogar unsere wahren Freunde bei der Polizei anzeigen. Jetzt aber möchte ich mich unbedingt bei ihnen dafür bedanken, dass sie unsere Familie wieder zusammengebracht haben."

Als ich sie nach dem Weihnachtsstern auf ihrem Vordersitz frage, antwortet sie mit ihrer eigenen Geschichte. Sie erzählt mir von Neal, ihrem Mann, der in einem Pflegeheim lebt. „Altersdemenz, ein hässliches Wort", sagt sie. „Immer vergesslich klingt weniger hart."

Sie will die Weihnachtssterne – alle Weihnachtssterne – an Heiligabend ins Pflegeheim bringen, um das Zimmer ihres Mannes zu schmücken. Es ist ihr Hochzeitstag. Sie hatte vor über einer Woche angefangen, sie zu kaufen und dafür bislang mindestens sieben verschiedene Geschäfte aufgesucht.

„Es tut mir leid, ich weiß nicht mehr, woher dieser eine ist", sagt sie. „Ich habe zweiundfünfzig gekauft. Einen für jedes Jahr unserer Ehe. Es ist eine Tradition, die Neal für mich am ersten Hochzeitstag anfing. Jedes Jahr hat er einen weiteren Weihnachtsstern hinzugekauft. Jetzt führe ich die Tradition für ihn fort."

Was sie mir erzählt, berührt mein Herz und gibt ihm einen Stich. Wie wäre es, wenn ich Rick besuchen würde, er aber würde sich nicht an mich erinnern? Wie wäre es, wenn all die gemeinsamen Jahre, die Erinnerungen, aus seinem Gedächtnis verloren gegangen wären? Ich greife nach einem Taschentuch, um eine Träne wegzuwischen, doch sie sagt mir, ich solle nicht traurig sein.

„An Heiligabend werde ich sein Zimmer mit diesen Blumen füllen. Ich werde Neal mit Truthahn und Kartoffelbrei füttern. Wenn die Besuchszeit vorbei ist, werde ich ihn in Decken wickeln, ihm einen Gutenachtkuss geben und allein nach Hause fahren. Er wird vergessen, von wem die Blumen und das Essen sind, sogar meinen Namen wird er vergessen, aber er wird wissen, dass ihn jemand umsorgt. Das reicht Neal. Das ist auch mir genug. Und es kann auch Ihnen genug sein zu wissen, dass jemand an Sie denkt."

Dann steht sie auf, zieht ihren roten Wollmantel an und sagt mit einem Lächeln: „Danke für den Kaffee."

***

Eine Stunde später biege ich mit zwei auseinandergelegten Mountainbikes im Kofferraum in unsere Einfahrt ein. Das eine Rad ist blau, das andere pink. Megans Knie stießen schon letzten Sommer an den Lenker. Ich weiß, sie werden es lieben, damit in unserem Wohngebiet herumzufahren. Ich verstecke die Räder unter einer Plane in der Garage und hoffe, dass Tom sich an Heiligabend der Herausforderung gewachsen sieht, sie zusammenzubauen. Wenn nicht, müssen die Kinder und ich es irgendwie allein hinbekommen.

Im Haus finde ich Megan beim Neuarrangieren des Weihnachtsschmuckes vor. Nick hängt mit seinem Gameboy auf der Couch herum, während Ben in der Küche hantiert, um Suppe für das Abendessen warm zu machen. Er zieht Knoblauchbrötchen aus dem Ofen und verkündet: „Essen ist fertig."

Während wir um den Tisch sitzen und Nudelsuppe löffeln, landet unsere Unterhaltung ganz automatisch wieder bei unseren anonymen Freunden. Mir wird plötzlich klar, dass wir als Familie zusammen mit dem letzten Geschenk an Heiligabend sogar etwas noch besseres bekommen werden: Wir werden sie treffen. Ich hab da so ein gutes Bauchgefühl. Es wird der zwölfte und letzte Tag sein – und die perfekte Art und Weise, den Geschenkesegen zu beenden.

„Sie werden dann hier sein, ich weiß es einfach", sage ich zu den Kindern. Meine Zuversicht wirkt bei ihnen Wunder.

„Es könnte etwas merkwürdig sein, falls wir sie nicht kennen", sagt Ben. „Wir sollten etwas planen."

Ich stimme dem zu. Wenn unsere wahren Freunden ihren letzten Besuch machen, wird es ein Fest geben.

„Cupcakes mit Streuseln", schlägt Megan als ersten Gang vor.

Nick wünscht sich Chips und Schokolade. Ben holt meine Rezeptsammlung aus der Küche und legt sie vor mir hin.

„Dieser Anlass verlangt nach großen Geschützen", erklärt er.

Ich gehe den Rezeptordner durch und ziehe Zettel mit Essensspuren und Fingerabdrücken vor. Wir entscheiden uns für das traditionelle Weihnachtsessen, dazu für ein paar Lieblingsspeisen, die mir meine polnischen und ungarischen Großmütter weitergereicht haben. Ich will unsere Gäste mit Krautwickeln begeistern. Mit gebackenem Truthahn und Pasteten und Käsekuchen. Ein Festmahl ist nicht viel im Vergleich zu der Art und Weise, wie sie unser Leben verändert haben, aber ich weiß nicht, was ich ihnen sonst anbieten kann. Menschen, die so ganz ohne Grund so gütig sind, sollen es wert sein, das zu wissen.

Als das Essen geplant ist, entscheide ich mich, nicht bis morgen mit dem Einkauf zu warten. Wenn wir alles rechtzeitig fertig haben wollen, muss ich noch heute Abend mit dem Backen beginnen. Als ich aufstehe, um den Tisch abzuräumen, nimmt mir Ben die Schüsseln aus der Hand.

„Ich übernehm das", sagt er. „Ich werde die Küche aufräumen für deine Koch- und Backaktion nachher."

Ich widerspreche nicht.

Ben schaut seine Geschwister an und entscheidet: „Nick und Megan, ihr müsst Mama beim Einkaufen helfen."

Die beiden hinterfragen die Autorität ihres großen Bruders nicht. Aber keiner von ihnen ist so erstaunt wie ich. Nick und Megan holen ihre Jacken aus dem Schrank; die Bügel fliegen auf den Boden, als sie um die Wette zur Tür rennen. Aber bevor wir aus dem Haus gehen, will ich noch über eine Sache mit den Kindern reden.

Wir waren bisher völlig besessen davon, die Identität unserer wahren Freunde herauszufinden. Doch nach dem Treffen mit Neals Frau – sie hat mir ihren Namen nicht verraten – ist das alles nicht mehr so wichtig. Sie hat recht: Wir fühlen uns geliebt, und das ist, was zählt. Auch wenn es von ferne mysteriös wirkt.

Ich blicke jedem meiner Kinder in die Augen und stelle sicher, dass sie aufmerksam zuhören. „Kein heimliches Ausspionieren mehr. Okay?"

Wir sind uns alle einig. Wir werden aufhören zu versuchen, unsere wahren Freunde zu erwischen und zu warten, bis sie bereit sind, sich zu erkennen zu geben. Ich glaube nicht, dass es noch lange dauert.

***

Im Supermarkt stehe ich vor einem Dilemma. Ich weiß nicht, mit wie vielen Personen ich an Heiligabend rechnen soll. Es könnte eine zusätzliche Person sein, aber auch zwanzig.

Seit meiner Kindheit kommen wir an Heiligabend als Familie zusammen – Kinder, Geschwister, Tanten, Onkel, Cousins und Cousinen. Wir treffen uns nicht, um Geschenke auszutauschen. Wir treffen uns, um miteinander zu essen. Einer polnischen Tradition folgend warten wir auf das Aufleuchten des ersten Sterns, bevor wir uns zum Abendessen hinsetzen – keine einfache Aufgabe an einem wolkigen Winterabend im mittleren Westen der USA. In einem Jahr, an einem bedeckten Abend, als das Essen schon lange fertig war, trat meine Großmutter schließlich nach draußen, um zu vollbringen, was ihre zwölf Enkel nicht geschafft hatten. Auch wenn ich ziemlich sicher bin, dass es nur ein Flugzeug war, war ihre Erklärung, dass es Zeit zum Essen sei, allen willkommen.

Seit meiner Hochzeit mit Rick im Jahr 1980 habe ich diese Familientradition bei uns zu Hause fortgeführt. Bis vor einer Woche hatte ich überlegt, das Ganze abzublasen. Ich bin froh, dass ich es nicht getan habe, aber die möglichen zusätzlichen Gäste in Gestalt der anonymen Engel schaffen nun ein neues Problem.

Ich habe keine Ahnung, wie viel Essen ich vorbereiten soll.

Megan schlängelt sich an den vielen Leuten vorbei, die gerade ihre Wagen durch den Gang mit den Backwaren schieben, und greift in den Regalen nach den Zutaten für das Aprikosenkeks-Rezept ihrer Urgroßmutter. Sie ist ziemlich in Eile, weil sie unbedingt schnell wieder nach Hause will, um nach unserem zehnten Geschenk zu schauen. Ich bin auch gespannt darauf, aber meine bisherigen Einkaufsfiaskos haben mich mit einer ziemlich großen Menge an Last-Minute-Besorgungen zurückgelassen.

„Ich habe die Marmelade und das Mehl", sagt Megan, packt die Sachen in den Einkaufswagen und rast davon, um Hüttenkäse für den Teig zu suchen. Ihr Pferdeschwanz schwingt hin und her, während sie davontänzelt. Ich liebe es, sie so aufgeregt zu sehen. Als Kind konnte ich es nicht abwarten, bis meine Mutter die leckeren Mehlspeisen aus dem Ofen zog. Ich bin immer noch jederzeit gewillt, eine Brandblase in Kauf zu nehmen, nur um einen Happen dieser buttrigen Leckerei zu kosten.

Ich laufe rüber zur Fleischabteilung, wo einige Kunden schon vor Bergen mit tiefgekühltem Rinderhack und Würstchen stehen. Ich brauche fünf Pfund von jedem. Nur um sicher zu sein, verdreifache ich in Gedanken die Mengenangaben im Rezept für die Krautwickel mit Hackfleisch.

Megan kommt wieder zu mir zurück und bricht unter der Last von Olivengläsern, vier 400-Gramm-Stücken Käse und zwei Gläsern Salzgurken fast zusammen. Unter ihren beiden Armen klemmen noch Rollen mit fertigem süßen Plätzchenteig.

„Wir machen Urgroßmutters Kekse", erinnere ich sie. „Wir brauchen keinen Fertigteig."

„Ich konnte den Hüttenkäse nicht finden", sagt sie und ergänzt dann: „Ich hab aber das hier gefunden." Sie zieht zwei eingebeulte Schachteln mit Zuckerstangen aus ihrem Hosenbund und blickt hoffnungsvoll auf den Einkaufswagen. Ich nicke zustimmend. Ich hatte Megan versprochen, Zuckerstangen zu kaufen, aber ich nehme mir vor, den süßen Fertigteig zurückzulegen. Mit dem Backen des Truthahns und den anderen Sachen wird der Ofen bis Heiligabend im Dauerbetrieb sein.

Sosehr die Kinder sie mögen, ich werde keine Zeit haben, zusätzlich noch Mürbeteigplätzchen zu backen.

Im Gang mit den Süßwaren treffen wir auf Nick. Er schlendert den Gang mit einem Einkaufswagen in Kindergröße entlang. „Sag nichts", warnt er seine Schwester. „Es war der einzige Wagen, der noch zu haben war."

Ich werfe einen kurzen Blick auf den Inhalt seines Wagens, der im Wesentlichen aus einer Auswahl von Chips und Dip-Soßen besteht, und sehe, was er an Heiligabend essen möchte.

„Ich bin so weit", verkündet Nick. „Wir können jetzt gehen. Ich will nach Hause und nach dem Geschenk sehen."

Megan will ebenfalls nach Hause, aber ich bin entschlossen, nicht den Supermarkt zu verlassen, bevor alle Lebensmittel auf meiner Liste abgehakt sind.

Ich bin etwas aufgeschmissen, als ich die Auswahl an Truthähnen sehe.

„Was ist das Problem, Mama?", fragt Megan.

Während ich im Gefrierfach nach einem elf Kilo schweren Vogel lange, frage ich mich, ob er überhaupt in meinen Ofen passen wird. Ich entscheide mich in Gedanken für ein etwa fünf Kilo schweres Tier. Da kommt mir plötzlich das Bild von zwölf Sängern in den Sinn, die an unsere Tür klopfen und „Die zwölf Weihnachtstage" singen. Nachdem die Schlusszeile mit dem „Rebhuhn im Birnbaum" verklungen ist und sie sich als die wahren Freunde zu erkennen gegeben haben, lade ich sie zum Essen ein, aber ich werde über jeden ihrer Bissen wachen müssen, weil es ein Limit gibt: Jeder Gast darf nur ein schmales Stückchen Truthahn verspeisen.

„Ich weiß wirklich nicht, in welcher Größe ich ihn kaufen soll", sage ich beunruhigt und sehe meine Zehnjährige Hilfe suchend an.

„Das ist doch einfach", sagt Megan. „Kauf den größten."

Nick rollt mit den Augen. „Wir werden einen weiteren Wagen brauchen." Er eilt zum Parkplatz, um den Ersten, der zurückkommt, abzugreifen.

Bevor wir den Supermarkt verlassen, sieht Megan eine Spendenbox, in die man Nahrungsmittel für Bedürftige legen kann, und fragt, ob wir etwas von unserem Einkauf abgeben sollen. Wir ziehen sechs Dinge aus unseren beiden Wagen – zwei Dosen Pfirsiche, zwei Becher Schokoladenpudding und zwei Tetrapacks mit Saft.

„Werden die Leute, die dieses Essen bekommen, wissen, dass es von uns ist?", fragt Megan.

Ich schüttele den Kopf. „Nein."

„Also genau wie bei unseren wahren Freunden", sagt sie. „Wir wissen nicht, wer sie sind."

„Ja, das ist wie mit unseren wahren Freunden", stimme ich ihr zu.

Megan strahlt.

„Schenken bereitet Freude", sage ich und meine Tochter nickt. Ich sehe, wie sie einen Moment lang überlegt.

„Dann müssen sich unsere anonymen Freunde großartig fühlen", sagt sie.

Wir stopfen unseren Kofferraum voll mit dem Truthahn, einem Schinken, Gemüse, Nicks Chips und Dips, den Zutaten für kleine Käsekuchen, Krautwickel, Polenta und Aprikosenkekse – und schließlich mit vier Rollen süßen Plätzchenteig, die sich beim Zahlen auf mysteriöse Weise wieder in unserem Wagen befanden.

Als wir uns unserem Haus nähern, ist Nicks und Megans Aufmerksamkeit ganz auf die Frage gerichtet, ob wieder ein Geschenk vor der Tür liegt.

„Ich bin gespannt, was sie uns heute vorbeibringen", sagt Megan. „Fahr schneller, Mama!"

Wir sind überrascht, als unsere Fußmatte leer ist. Die Wohnzimmervorhänge sind zurückgezogen und die Lichter am Weihnachtsbaum strahlen warm durch das Fenster. Ben steht an der Haustür und wartet auf uns, ein Anblick, der mir sogar noch willkommener ist als die Geschenke. Ich vermute, dass seine Anwesenheit unsere wahren Freunde zurückgehalten hat, aber ich behalte den Gedanken für mich. Ben kommt zum Auto und hilft uns, die Einkäufe reinzutragen.

„Wollt ihr euren eigenen Supermarkt aufmachen?", fragt er kichernd, während er das dritte Mal mit beladenen Tüten ins Haus läuft.

Drinnen sehe ich, dass Ben sich eine Arbeitsecke in der Küche eingerichtet hat. Auf einem Beistelltisch liegen das Nudelholz, ein Sieb, Messbecher und Holzlöffel. Unsere acht geschenkten Ausstechförmchen hat er ebenfalls dort platziert.

„Hast du an den Teig gedacht?", fragt er Megan.

Sie wühlt bereits in den Einkaufstüten.

„Ich möchte ihnen auch Danke sagen", sagt Ben zu mir und wartet, dass seine Schwester ihm die Rollen mit dem Fertigteig reicht. „Wie du schon gesagt hast: Weihnachten für jemand anderes ein bisschen schöner machen."

Als ich von seinem Plan höre, schmilzt mein Herz vor Mutterstolz. Ich lege ein paar Lebensmittel auf dem Küchentresen ab und umarme ihn.

Minuten später sind die Küche und die Kinder mit Mehl bestäubt. Die erste Fuhre Plätzchen deklarieren wir als „Versuch" – nachdem vier Reihen ausgestochener Nikolausstiefel zu einem Riesenkeks verschmolzen sind.

„Sieht aus wie einer von Papas Schuhen", sagt Nick.

Rick hatte Größe 47.

Wir lachen alle und lachen dann wiederum, weil wir lachen müssen. Ich glaube, wir fühlen uns alle etwas schuldig wegen unseres Ausbruchs von Weihnachtsfreude, aber gleichzeitig sind wir auch dankbar.

„Vielleicht ist das ein Zeichen", sagt Megan.

„Wofür?", will Nick wissen.

„Na, dass wir ihn essen sollen", meint sie und guckt ihre Geschwister herausfordernd an.

Ich ergreife die Initiative, um jeden Streit um den größten Anteil im Keim zu ersticken, und breche einige Stücke von dem Riesenschuh ab, um sie zu verteilen. Das zweite Blech mit Stiefeln wird besser, sie haben Elfengröße.

Als ich mich an die Krautwickel machen will, ziehen Megan und Ben in ihre Zimmer ab. Nick widmet sich wieder seinem Umzug in den Keller – und packt Kisten. Ich ziehe gerade Schichten von dem dampfenden Kohlkopf ab, als es in der Küche schlagartig dunkel wird.

„Megan … ich kann nicht kochen, was ich nicht sehe!", rufe ich laut.

Das Licht geht wieder an, aber zwei Minuten später geht es erneut aus. Ich blinzele in das Licht einer Taschenlampe.

„Megan!", sage ich streng.

„Sie werden nicht kommen, wenn sie sehen, dass wir zu Hause sind!", verteidigt sich meine Jüngste.

„Zieh die Vorhänge zu. Das reicht", versichere ich ihr. „Und dann hilf mir mal bitte mit dem Fleisch."

„Sieht aus wie Würmer", kichert sie. Als sie anfängt, „Die zwölf Weihnachtstage" zu singen, stimme ich leise mit ein. Singen ist allerdings immer noch schwer für mich.

An einem Strand in Maui, während unserer Flitterwochen, hatte Rick plötzlich ein Lied angestimmt: „Longer" von Dan Fogelberg. Ich dachte, er würde nach den ersten Zeilen aufhören zu singen. Der Song war etwas kitschig, aber er meinte es ernst. Er war mein privater Komödiant. Zumindest hatte er einen einsamen Abschnitt des Strandes für seine Show ausgesucht. Und er sang einfach weiter. „Das war mein Hochzeitsgeschenk für dich", sagte Rick schließlich – und ich spürte seine aufsprudelnde Freude. Dann griff er so fest nach meiner Hand, dass ich nicht mehr loskam, und rannte mit mir zusammen in die Wellen hinein. Ich trug ein neues Leinenkleid, er hatte Anzughosen an.

Das war der Anfang unseres ausgelassenen, fröhlichen, unangepassten Lebens gewesen. Als Megan beim Singen stolpert und ihre tanzenden Ladys mit den hüpfenden Lords verwechselt, weiß ich: Ich muss mich entscheiden. Ich kann weiter in Gedanken alten Liedern nachhängen – oder ganz in diesem Moment leben und mit meiner Tochter singen.

Ich entscheide mich, mit ihr zu singen, aber statt vom traditionellen Birnbaum, von Rebhühnern, Turteltauben und goldenen Ringen singe ich von *unseren* Geschenken: vom Weihnachtsstern, den zwei Tüten Geschenkbändern und den drei Rollen Geschenkpapier.

Irgendwann während der fünften oder sechsten Strophe hinterlassen unsere wahren Freunde ein zehntes Geschenk. Nick entdeckt das Paket später am Abend, als er Tüten voller Müll aus seinem Zimmer nach draußen zu den Mülltonnen bringt. Draußen bläst ein heftiger Wind, der das leichte Päckchen auf den Rasen geweht hat.

„Es ist da, ich hab es gefunden!“, verkündet Nick, als er zurück ins Haus kommt. Wie auf Kommando rennen wir alle zu ihm.

„Ich hab mir schon Sorgen gemacht“, sagt Megan. „Ich will nicht, dass die Geschenke aufhören; ich will nicht, dass das Lied zu Ende geht.“

Ich bin auch noch nicht bereit für das Finale. Ich frage mich, ob unsere anonymen Engel gehört haben, wie Megan und ich gesungen haben. Ich frage mich, ob ihnen klar ist, dass ihr Segen tatsächlich unser Herz erreicht hat. Megan reißt das Geschenk auf und findet zehn tanzende Santa-Puppen aus Papier. Wir versuchen diesmal nicht, die Karte unter die Lupe zu nehmen, um Hinweise zu finden. Stattdessen hängen wir die Papierpuppen ans Treppengeländer und wenden uns wieder den Vorbereitungen für Heiligabend zu.

Als wir wieder in der Küche sind, setze ich das neue Geschenk in unsere Liedversion ein und forme weiter Fleischbällchen für die Füllung der Krautwickel.

Am zehnten Weihnachtstag
schenken euch eure wahren Freunde
zehn tanzende Santas
neun Weihnachtskerzen
acht Ausstechförmchen
sieben goldene Äpfel
sechs Weihnachtsbecher
fünf Engel-Geschenkkarten
vier Geschenkschachteln
drei Rollen Geschenkpapier
zwei Tüten Schleifen
und
einen Weihnachtsstern.
Euch allen.

11

Der elfte Weihnachtstag

Am Tag vor Heiligabend wache ich mit einer Liste von Erledigungen in meinem Kopf auf. Wir waren am Tag zuvor noch lange auf gewesen, haben gekocht und Essen für unsere Weihnachtsgäste vorbereitet. Aber auch noch so viel Schlafentzug kann meine Aufregung nicht dämpfen. Während ich mich durch den Verkehr kämpfe, der so dicht ist wie Schneegestöber, beschließe ich, dass die Weihnachtshektik der letzten Minute die beste Zeit ist, um einzukaufen. Der Stau gibt mir Zeit, um im Auto Weihnachtslieder zu hören. Als ich John Denver und die Muppets „The Twelve Days of Christmas" singen höre, fühlt es sich so an, als ob sie das Lied nur für mich sängen.

Vielleicht sollte ich jedes Jahr bis zur letzten Minute warten, denke ich, als ich ein anderes Auto in die Parklücke hineinwinke, in die ich gerade selbst fahren wollte.

Ich finde weiter hinten einen anderen Parkplatz, und genieße die frische Luft, während ich von dort aus zum Elektronikgeschäft laufe. Ich werde den alten Computer ersetzen, auf dem Nick die vergangenen drei Jahre seine Videospiele gespielt hat und den uns meine Freundin Kate schenkte, nachdem sie sich ein neueres Modell gekauft hatte. Ich weiß, mein Zweitjüngster wird begeistert über den neuen PC sein, aber er wird ihn mit uns anderen teilen müssen. Ich kann es mir nicht leisten, noch einen zu kaufen. Das neue Teil wird seinen Platz im gemeinsamen Wohnzimmer bekommen.

Im Laden treffe ich einen älteren Mann, der sich ratlos am Kopf kratzt, weil er nicht weiß, welches Videospiel er seinem dreizehnjährigen Enkel kaufen soll. Die Angestellten sind alle so beschäftigt, also fragt er mich. Ich halte ebenfalls nach einem Angestellten Ausschau und will den Typen schon fast abwimmeln, als mir einfällt, dass ich jemanden kenne, der ihm helfen könnte.

Ich ziehe mein Handy aus der Handtasche und rufe Nick an. Ich reiche dem Mann mein Telefon, und er läuft damit in Richtung der Videospiele.

Ich folge meinem Handy.

Fünfzehn Minuten später begibt sich der Mann zur Kassenschlange, und ich reihe mich in eine noch längere Schlange von Kunden ein, die alle darauf warten, mit einem Angestellten über einen Computer zu sprechen.

Bevor der ältere Mann den Laden verlässt, kommt er noch mal auf mich zu und versucht, mir für Nick eine Zwanzig-Dollar-Note in die Hand zu drücken.

„Nicht nötig“, sage ich. „Frohe Weihnachten Ihnen und Ihrem Enkel!“

„Ich hab mir schon gedacht, dass Sie das sagen", entgegnet er. „Bitte, nehmen Sie zumindest das."

Er reicht mir einen Gutschein für eine Tasse Kaffee. „Trinken Sie einen auf mich!", sagt er lachend und verlässt dann den Laden.

Es fällt mir schwer zuzugeben, dass ich mich mit Computern weit weniger auskenne als jeder durchschnittliche Teenager, und ich überlege, ob ich Nick noch einmal anrufen soll – aber ich möchte, dass das Geschenk eine Überraschung ist. Deshalb entscheide ich mich, weiter zu warten, bis einer der Angestellten frei ist. Es passiert schneller als erwartet.

„Ich habe gesehen, wie Sie dem alten Mann geholfen haben. Ich war gerade mit einem anderen Kunden im Gespräch", sagt der Verkäufer und fügt lächelnd hinzu: „Danke."

Dann gähnt er, reibt sich über die Augen und sagt: „Sorry. Wir sind so im Stress heute. Gestern Nacht träumte ich, dass unsere Regale und Lagerräume leer waren und mich die Leute mit Mousepads bewarfen."

„Weihnachten wird kommen – und vorbei sein, ehe Sie sich versehen", sage ich. „Versuchen Sie es zu genießen."

„Kaffee würde helfen", lächelt er gequält und erklärt, dass es im Pausenraum leider keinen mehr gäbe. Dann wechselt er in den professionellen Modus. „Also, wie kann ich Ihnen helfen?"

Der junge Mann hilft mir, einen PC und einen 19-Zoll-Monitor auszuwählen, dazu einen Farbdrucker und ein paar Videospiele für alle drei Kinder. Meine Einkäufe werden morgen Vormittag zu Tom und Charlotte nach Hause geliefert; sie werden die Sachen dann nach unserer Feier an Heiligabend heimlich zu uns bringen, wenn die Kinder im Bett sind.

„Du hast wirklich einen Computer gekauft, und er soll geliefert werden? Das ist fantastisch, Jo!“, sagt Charlotte am Telefon zu mir. „Aber sag mal“, will sie dann wissen, „wie sieht es denn eigentlich mit dem Fahrrad aus?“

Als ich ihr erzähle, dass bereits zwei Räder in der Garage stehen, bricht es laut aus ihr heraus: „Dem Himmel sei Dank! Wann ist das denn alles passiert?“

Ich sehe vor meinem inneren Auge, wie sie staunend den Kopf schüttelt. „Lass es mich so ausdrücken“, sage ich. „Unsere wahren Freunde haben mich inspiriert.“

Charlotte lacht. „Die geheimnisvollen Geschenke haben also Wirkung gezeigt“, sagt sie. „Ich sage Tom, er soll an Heiligabend vorher noch ein Nickerchen machen. Es sieht ganz danach aus, als ob ihr beide noch bis tief in die Nacht auf sein werdet.“

Als ich den Laden verlasse, liegt auf meinem Auto eine dünne Schicht Schnee, der im Schein der Straßenbeleuchtung glitzert.

Es fühlt sich wie Weihnachten an, denke ich. Ich bin nicht sicher, ob es der Schnee ist oder der Einkauf, der dieses Gefühl in mir hervorruft. Werden unsere wahren Freunde heute Abend ihre Fußabdrücke im Schnee hinterlassen und werden wir dann mehr über sie erfahren – anhand ihrer Schuhgröße? Ich halte inne und erinnere mich selbst daran, dass es nicht mehr Priorität hat, ihre Identität herauszufinden. Ich möchte ihnen einfach nur danken.

Statt direkt zum Möbelladen zu fahren, um Nicks Bett zu kaufen, halte ich am Café. Ich bin sicher, dass man über Getränke im Computerladen die Stirn runzeln wird, aber ich löse den Gutschein ein, um eine Becher *Coffee to go* für den müden Angestellten zu kaufen. Ich verstecke ihn unter meinem Mantel, als ich den Laden betrete, und mache den Verkäufer auf mich aufmerksam. Er steht gerade hinter einem Stapel von eingepackten Monitoren, als ich ihm den Becher reiche.

„Sie sind ein Engel!", ruft er.

Ich winke ab, lächele und verabschiede mich schnell.

Das Schneetreiben wird immer dichter, als ich ins Auto steige. Drei Blocks weiter halte ich vor dem Möbel-Discounter an. Als ich reingehe und nach den Preisen sehe, flüstere ich den Leuten von *Gem City Engineering*, die dies möglich gemacht haben, ein „Danke" zu.

Ich wähle eine braune Kommode und einen dazu passenden Nachttisch für Nick aus, außerdem eine Matratze, einen Lattenrost und ein Bettgestell. Das Wasserbett meines Sohnes wird an Weihnachten Geschichte sein.

Ich habe schon bezahlt, als der Verkäufer mir erklärt: „Vor Weihnachten kommt die Lieferung leider nicht mehr."

Ich höre ihn sprechen, aber mein Kopf – vielleicht ist es auch mein Herz – lehnt es ab, das zu akzeptieren. Dieser Neubeginn ist alles, was sich mein Sohn zu Weihnachten wünscht, abgesehen vom Computer und dem Fahrrad, und das sage ich dem Verkäufer.

„Der Vater meines Sohnes ist auf einem Wasserbett gestorben. Er kann auf seinem nicht mehr schlafen… Er hat Albträume. Er muss aus seinem jetzigen Zimmer raus. Ich –"

„Sie hätten eher kommen sollen", unterbricht mich der Verkäufer und sein Ton hört sich etwas vorwurfsvoll an. „Unser Lieferplan für morgen ist schon voll."

Das alte, bekannte Gefühl, mein Kind zu enttäuschen, frisst sich in mein Gewissen. Der Mann hat recht. Ich hätte eher kommen sollen. Doch das zu hören, fühlt sich wie ein Schlag in die Magengrube an – jetzt, nachdem ich nun schon so weit gekommen bin. Ich werde ihn nicht das Weihnachtsfest meines Sohnes verderben lassen.

Und da stehen plötzlich Menschen an meiner Seite. Andere Kunden im Laden haben meine Auseinandersetzung mit dem Verkäufer mitbekommen. Eine Frau in einem falschen Leopardenmantel, die mit einer Mastercard winkt, missbilligt seinen Kommentar. „Ihr Junge hat seinen Papa verloren. Sie müssen ihr helfen."

„Seien Sie doch kein Unmensch!", sagt ein anderer Kunde. „Hatten Sie keinen Vater?"

„Nun, doch", sagt der Verkäufer und lacht über die Frage.

„Das dachte ich mir", sagt der Mann und klopft auf den Tresen, als ob er die Antwort auf eine der größten Fragen des Lebens gefunden hätte. „Also, was gedenken Sie zu tun?"

Die Mastercard-Dame gibt dem Verkäufer keine Gelegenheit zu antworten. „Wie wäre es, wenn ich zum Matratzengeschäft am Ende der Straße fahre und stattdessen dort mein

Bett kaufe?", sagt sie und zerreißt ihre nicht bezahlte Rechnung.

Sie zeigt auf den Mann, der ebenfalls eine Kassenrechnung in seiner Hand hält und fragt ihn: „Kommen Sie mit mir mit?"

Er zögert einen Moment, dann sagt er: „Klar, warum nicht."

Als deutlich wird, dass zwei Kunden fest entschlossen sind, ihre Bestellungen zu stornieren, nimmt mich der Manager schließlich zur Seite. Er bittet mich, mich in die Ecke mit den ausrangierten, nicht mehr verkäuflichen Möbelstücken zu setzen. Hier sind keine anderen Kunden, und mir schwant, dass er deshalb diesen Ort ausgesucht hat. Ich fühle mich, als wäre ich auf dem *Island of Misfit Toys,* der „Insel der sonderlichen Spielsachen" gelandet, wie ich es als Kind in der Zeichentrickserie „Rudolf mit der roten Nase" gesehen hatte.

Der Manager beginnt mit irgendeiner Geschichte über seine Tochter, die nicht die Jahrtausend-Barbie-Prinzessin bekommt, die sie sich zu Weihnachten wünscht, da er seit Wochen nonstop arbeite. Ich glaube, er will mich vorbereiten, damit ich den Rückschlag besser verkrafte, und die Tränen kullern mir schon die Wangen runter. Aber dann höre ich ihn sagen: „Ich werde dafür sorgen, dass es klappt, okay?"

„Wie bitte?" Ich weiß vor Überraschung gar nicht, was ich denken soll.

„An Heiligabend werde ich das Bestellte persönlich um neun Uhr morgens anliefern", antwortet der Manager. Er lächelt.

Ich umarme den Mann, bevor ich aufspringe und den Laden verlasse. Ich bin mir ziemlich sicher, dass die besondere

Weihnachtsstimmung den Mann inspiriert hat, und nicht die Tränen einer Mutter, die Drohungen von zwei Kunden oder mein Angebot, die doppelte Liefergebühr zu zahlen.

Draußen wartet die Mastercard-Dame auf mich. Mein Lächeln verrät ihr, dass alles gut ist, und ich danke ihr für die Rolle, die sie dabei gespielt hat, dass die Lieferung noch am morgigen Tag eintreffen wird.

„Der größte Spaß, den ich seit Jahren hatte", sagt sie. „Wir Witwen müssen zusammenhalten."

„Sie haben auch Ihren Mann verloren?", frage ich überrascht.

„Ja, Weihnachten 1990. Er ist beim Essen von Kartoffelbrei tot umgefallen. Einfach so."

Ich weiß nichts anderes zu antworten als: „Das tut mir so leid."

„Der Punkt ist: Ich habe weitergemacht. Ich bin glücklich. Und wieder verheiratet", sagt die resolute Dame und zeigt mir den Diamanten an ihrer linken Hand. „Es gibt ein Leben nach dem Tod – wenn man den Mut hat, es zu leben."

Ein schon etwas glatzköpfiger Mann, vielleicht Anfang siebzig, springt aus einem Sedan und öffnet der Frau die Autotür. Sie winkt, als sie aus der Parklücke fahren. Ich staune, wie entspannt sie ihre Geschichte erzählt hat, und frage mich, ob ich in etwa einem Jahrzehnt auch so drauf sein werde. Ich kann mir im Moment nicht vorstellen, noch einmal zu heiraten, aber ich hoffe doch, dass ich den Mut habe, aus meinem Loch herauszukriechen und mit anderen zu teilen, was ich von Menschen, die ebenfalls in Not waren, gelernt habe.

Ich hatte die Monate nach Ricks Tod in einer Luftblase voller Kummer und Angst verbracht. Aber in diesen letzten elf Tagen habe ich mich vorsichtig aus dieser Schutzhülle herausgewagt – und wunderbare Menschen getroffen: Charles vor der Sammelstelle der Heilsarmee, den jungen Mann im „Ponderosa", Neals Frau mit den Weihnachtssternen und jetzt gerade eben die Mastercard-Dame. Jeder lehrte mich etwas auf meiner Reise, auf der ich mich immer noch befinde. Jeder von ihnen ist ein Experte in der Fähigkeit, weiterzumachen, Fehler zu verzeihen und Erinnerungen zu feiern, auch wenn es schmerzt. Ich muss noch so viel lernen.

Ich streiche Nicks Möbel von meiner Liste und fahre zurück nach Bellbrook. Ich muss noch weitere Geschenke besorgen, aber jetzt ist es Zeit, die Kinder mit einzubeziehen. Ich will der Bitte von Ricks Kollegen nachkommen und Ben, Nick und Megan jeweils ein Geschenk für sich selbst aussuchen lassen.

***

Die Jungs wollen unbedingt zu einem Elektrogeschäft fahren. Megan ist einverstanden, wenn sie auch nicht annähernd so begeistert ist wie ihre Brüder. Wir verlassen gerade das Haus, da bittet sie mich plötzlich, noch kurz zu warten. Sie macht auf dem Absatz kehrt, rennt hinauf in ihr Zimmer und kommt mit einem kleinen Rucksack zurück, der über ihrer Schulter hängt.

„Was hast du da?", frage ich sie.

„Erzähl ich später", antwortet sie und lächelt geheimnisvoll.

Als wir im Laden sind, zieht Ben los, um allein herumzustöbern. Nick, Megan und ich steuern die Fernsehgeräte an. Während ich den beiden erkläre, dass das ausgewählte Geschenk einen vernünftigen Preis haben muss, läuft Nick direkt auf die Tausend-Dollar-Flachbildschirme zu. Statt mich aufzuregen, lache ich nur.

„Er wird nicht ins Auto passen", sage ich. „Außerdem können wir es uns nicht leisten."

Wir einigen uns schließlich auf ein 19-Zoll-Modell.

„Okay, das wird ausreichen", sagt er zustimmend.

Nach einer Weile finden wir Ben, der gerade mit einem Verkäufer über eine Stereoanlage für sein Auto spricht.

„Ähm … ich hab meine Lautsprecher neulich ruiniert."

„Du bekommst deinen Autoschlüssel für eine ganze Weile noch nicht zurück", erinnere ich ihn.

Er zuckt mit den Schultern. „Genau diese möchte ich", sagt er. „Dann kann ich mich auf etwas freuen."

Nachdem die Jungs ihre Auswahl getroffen haben, schlängeln wir uns mit Megan durch die Gänge. Wir zeigen ihr Videospiele, ein elektronisches Tagebuch, eine pinkfarbene Karaoke-Anlage mit zwei Lautsprechern. Sie ist nicht interessiert. Dieses kleine Mädchen, das eine Tasche voller Socken durch das Wohnzimmer warf, weil es nicht die Barbie bekam, die es sich gewünscht hatte, findet nichts, was es sich wünscht.

Megan kuschelt sich eng an mich, während wir weiterlaufen. Als Ben versucht, sie für ein Video-Basketballspiel zu begeistern, reagiert sie nicht einmal.

„Hey, was ist los?", fragt er.

Megan seufzt. „Erinnert ihr euch, dass Papa immer am Morgen des Heiligen Abends seine Weihnachtseinkäufe machte und dann für uns alle das Mittagessen mit nach Hause brachte? Er hat seine Besorgungen immer in weniger als zwei Stunden geschafft."

Megan bleibt stehen und sieht mich an: „Kann ich bitte Papa ein Geschenk bringen? Ich habe es in meinem Rucksack."

Ich habe ihren Vater den ganzen Tag lang nicht ein einziges Mal erwähnt, in der Hoffnung, die Weihnachtsstimmung, die sich gerade bei uns ausbreitet, zu erhalten. Vielleicht war das nicht meine beste Idee. Während ich selbst mindestens einmal die Woche zu Ricks Grab fahre, habe ich die Kinder seit der Beerdigung noch nicht wieder dahin mitgenommen. Ich gehe dorthin, um in Gedanken mit meinem Mann zu sprechen und zu weinen. Ich möchte nicht, dass der Tag so endet …

Ben nimmt mir die Entscheidung aus der Hand. „Lass uns zusammen hinfahren, Mama", sagt er. Nick stimmt zu.

Wir bezahlen unsere Einkäufe und fahren in Richtung Friedhof. Als wir aus dem Auto steigen, nehme ich mir fest vor, noch ein weiteres Mal auf Einkaufstour zu gehen, um Megan ein besonderes Geschenk zu kaufen.

„Wir werden nicht lange bleiben", sage ich und fahre die gewundenen Wege des Friedhofs entlang, vorbei an von steinernen Engeln bewachten Krypten und Grabsteinreihen.

Farbige Weihnachtssterne und Weihnachtskränze mit roten Schleifen verbreiten hier nicht das gleiche Willkommensgefühl wie an Häusern, Kirchen oder Läden. Als sich der Schnee in Regen verwandelt, lassen die verblassenden Schleifen und gefrorenen Blüten den Ort ungeliebt und einsam aussehen.

Beinahe tut es mir leid, hierhergekommen zu sein.

Megan tritt feierlich aus dem Auto und geht zu dem Grabstein mit der Aufschrift „Unser großartiger Papa".

Auf dem Marmor ist ein Berg mit einem über Steine plätschernden Bach eingraviert. Ich hatte dieses Design ausgewählt, weil es mich an eine Lichtung erinnerte, an der wir 1993 im *Glacier-Nationalpark* eine Pause eingelegt hatten.

„Hier möchte ich die Ewigkeit verbringen", hatte Rick gesagt, während er die wilde Schönheit und die Einsamkeit unseres Rastplatzes bewunderte. Nicht lange nach diesem erhabenen Moment wurde uns klar, dass wir uns verlaufen hatten. Unsere gemütliche Wanderung verwandelte sich auf einmal in eine Neun-Stunden-Tour durch die Wildnis. Rick trug den erschöpften, sechs Jahre alten Sohn Nick auf seinen Schultern und die vierjährige Megan in seinen Armen, bis wir endlich eine Ranger-Station fanden.

Der Wind pfeift durch die kahlen Bäume des Friedhofs. *Dieser Ort ist – vor allem zwei Tage vor Weihnachten – kein Ort für Kinder*, denke ich. In diesem Moment zieht Megan aus ihrem Rucksack die sieben goldenen Äpfel, die wir von unseren wahren Freunden geschenkt bekommen haben.

Ich hatte sie ganz vergessen.

„Ich möchte seinen Baum schmücken", sagt sie. Megan bietet jedem von uns einen Apfel an, um ihn an den Baum zu hängen. Der neu gepflanzte Ginkgo war noch ein Setzling, aber unsere Äpfel waren klein, und die Zweige hielten ihr Gewicht.

Obwohl ich meine Zweifel hatte, ob es gut war hierherzukommen, fühlt es sich gut an, Rick an unserem Weihnachtsgeheimnis teilhaben zu lassen, auch wenn nur durch diese kleine Geste.

„Sie sind perfekt“, sagt Ben.

Während die Äpfel im Wind hin und her schwingen, fängt meine Tochter an, ihrem Papa die Geschichte von unserem Weihnachtsgeheimnis zu erzählen. Die Jungs und ich beginnen nach kurzem Zögern ebenfalls zu erzählen, so, als ob Rick hier wäre und zuhören würde. Wir erzählen ihm von Nicks Eskapaden auf dem Dach, wie wir dem Auto nachjagten – und von dem Festmahl, das wir an Heiligabend mit unseren wahren Freunden teilen wollen.

Nick ergänzt die Geschichte um die Szene mit der Legokiste in seinem Zimmer. „Mama hatte eine Beule am Kopf so groß wie ein Golfball“, sagt er, auch wenn ich erklärt hatte, dass sie kaum größer als eine Erbse war.

Auf dem Weg zurück zum Auto singt Megan „The Twelve Days of Christmas“. Nick beendet das Lied, indem er Strophen mit einem extravaganten elften und zwölften Geschenk hinzufügt – nämlich einem Plasma-Fernseher und einem Computer.

***

Die Fahrt nach Hause ist still, aber niemand weint. Ich glaube, wir sind alle müde von diesem Einkaufstag. Es ist gut zu wissen, dass wir Ricks Grab gemeinsam besuchen und mit ihm reden können, ohne dass uns der Eisesgriff des überwältigenden Schmerzes packt.

Ein paar Blocks von unserem Haus entfernt sieht Ben einen Nachbarn, der damit kämpft, einen Weihnachtsbaum aus seinem Minivan zu ziehen.

„Halt an, Mama!“, befiehlt er mir.

Mein Ältester lässt die Fensterscheibe herunter und ruft: „Brauchen Sie Hilfe?“

Ich bin so stolz auf Ben.

„Wenn zu Hause ein Geschenk vor der Tür liegt, dann öffnet es nicht ohne mich“, ermahnt er uns und steigt aus dem Auto.

Unsere wahren Freunde waren tatsächlich ziemlich kühn heute und haben mitten am helllichten Tag ein Päckchen dagelassen. Wir werfen noch keinen Blick hinein, bis Ben kommt. Unser elftes Geschenk entpuppt sich als äußerst lecker: auf einem Pappteller sitzen elf essbare Mäuse, die darauf warten, verspeist zu werden. Es sind sogar noch kleine Käsestückchen dabei.

Die kleinen Tiere aus weißer Schokolade haben Ohren aus gehobelten Mandeln. Die Augen sind mit Zuckerguss aufgemalt.

„Sie sind so süß! Wir sollten sie nicht essen“, sagt Megan.

Ich stecke eine in meinen Mund. Es ist eine nette Belohnung nach diesem langen Tag. Drei weitere Hände greifen nun nach ihrem Anteil. Ruckzuck sind alle Mäuse verspeist.

Dieses Mal vergessen wir nicht, die Karte aus dem Päckchen zu ziehen. Es ist wieder eine sehr ausgefallene; die Vorderseite ziert ein goldener Engel.

„Der sieht genauso aus wie die, die an unserem Baum hängen“, stellt Nick fest.

„Das ist ja unheimlich“, erwidere ich.

„Nun, wahrscheinlich haben sie unseren Baum vom Fenster aus gesehen“, meint Ben.

Ich lese laut vor, was auf der Karte steht:

Am elften Weihnachtstag
schenken euch eure wahren Freunde
elf hungrige Mäuse
zehn tanzende Santas
neun Kerzen
acht Ausstechförmchen
sieben goldene Äpfel
sechs Weihnachtsbecher
fünf Engel-Geschenkkarten
vier Geschenkschachteln
drei Rollen Geschenkpapier
zwei Tüten Schleifen
und einen Weihnachtsstern.
Euch allen.

„Mist“, sagt Megan, als sie das letzte Käsestückchen vernascht. „Ich wünschte, wir hätten noch mehr Mäuse.“

12

Der zwölfte Weihnachtstag

Ein trostloser grauer Nebel verhüllt am frühen Morgen des 24. Dezembers die Häuser, wie ein Theatervorhang die Bühne vor dem Vorstellungsbeginn. Ich vermute, dass unsere anonymen Engel den Heiligabend mit ihren eigenen Familien verbringen wollen, deshalb stehe ich schon im Morgengrauen auf, um den übergroßen Truthahn in den Ofen zu schieben. Ich möchte, dass der Vogel schon vor Mittag saftig und golden ist – falls sie bereits zur Mittagszeit auftauchen.

„Nur noch ein paar Stunden, bis die Show beginnt", sage ich zu mir selbst. Die Lichter am Baum werden strahlen, der Tisch wird gedeckt sein, und unsere wahren Freunde werden die Bühne betreten.

Es scheint mir jetzt Jahre her zu sein, dass das erste Geschenk auf unserer Veranda auftauchte, dieser regennasse Weihnachtsstern – unser erster Wegweiser in Richtung Heilung. Wussten unsere anonymen Engel, wie sehr wir ihre Anwesenheit brauchten?

Hatten sie irgendeine Ahnung davon, wie viel sie uns in diesen Tagen geschenkt hatten?

Ich gehe ins Wohnzimmer. Megan ist bereits aufgestanden und hält nahe des Baumes Ausschau nach unseren Freunden.

Der Truthahn kommt als Erstes in den Ofen, dann mache ich mich an die Krautwickel und lege sie in den Westinghouse-Roaster-Ofen meiner Mutter, wo sie mehrere Stunden schmoren werden.

Ich wasche unsere Weihnachtsteller und die Schüsseln; Megan trocknet ab. Dann stapeln wir sie auf der Anrichte.

Wir richten Teller mit hausgemachtem Karamellgebäck an. Zwischendurch checkt Megan immer wieder die Veranda. Die Sonne ist gerade erst aufgegangen, und ich vermute, unsere wahren Freunde liegen noch im Bett.

„Gib ihnen Zeit", sage ich zu Megan. „Und du möchtest bestimmt nicht, dass sie dich im Pyjama sehen, also zieh dich an."

Megan hopst die Treppenstufen nach oben, bleibt dann stehen und beugt sich über das Geländer. „Ich hätte nie gedacht, dass ich das sagen würde, aber ich wünschte, dass es bis Weihnachten noch ein paar Tage dauert", sagt sie. „Meinst du, sie – also unsere wahren Freunde – fühlen genauso?"

„Nun, wir haben es ihnen nicht einfach gemacht, weil wir immer am Fenster auf der Lauer gelegen haben", antworte ich. „Sie freuen sich wahrscheinlich auf eine Pause."

Nick ist offenbar aufgewacht, als die aus der Küche strömenden Düfte durch den Türspalt zu ihm gedrungen sind. „Ich muss Truthahn essen", sagt er, als er auftaucht.

„Erst in vier Stunden“, entgegne ich. „Ich habe ihn gerade erst in den Ofen geschoben.“

„Weck mich, wenn er fertig ist“, brummt er, aber macht keine Anstalten, wieder ins Bett zu gehen. Stattdessen steht er still da, schließt die Augen und saugt die Weihnachtsgerüche in sich ein. Megan und ich tun dasselbe – genauso, wie es der junge Mann im „Ponderosa“ beschrieben hatte.

Ich hatte mich gefragt, welche Erinnerungen an Weihnachten meine Kinder ins Erwachsenenalter mitnehmen werden. Jetzt weiß ich zumindest von einer Sache, die sie mit Sicherheit in ihrem Gedächtnis bewahren werden.

Nick beendet schließlich den Zauber dieses stillen Moments: „Das riecht ziemlich gut“, meint er, „aber es toppt auf keinen Fall die Geschenke.“

Auf das Stichwort „Geschenke“ hin rasen er und Megan zur Tür.

Es sind noch keine Besucher im Anmarsch, aber die Türangeln werden bereits reichlich strapaziert. Es ist das sechste Mal, dass wir an diesem Morgen die Veranda checken – und es ist noch nicht mal acht Uhr.

Meine beiden Kinder kommen zurück. Nichts. Nick setzt sich an den Esszimmertisch. Er löffelt sein Müsli und registriert dabei aufmerksam den Fortschritt unserer Heiligabendvorbereitungen. „Es muss jemand sein mit Ninja-Begabung“, sagt er schließlich. „Keiner kann so oft ungesehen entkommen wie sie – ohne dass er übermenschliche Kräfte besitzt und megaschnell ist.“

Um 8:01 Uhr klingelt es an der Tür. Ich erspähe den Lkw vom Möbelladen in der Einfahrt und schicke Nick nach oben, um zu duschen. Die Sonderlieferung für sein Zimmer ist da.

Mein ältester Sohn hört die Klingel und eilt die Stufen der Kellertreppe hoch, während er schnell sein Hemd zuknöpft. Der Manager des Ladens ist allein gekommen, also bitte ich Ben, ihm zu helfen.

Während die beiden das Bett die Treppe runterschleppen, schleiche ich ums Haus und platziere ein Päckchen auf dem Fahrersitz des Lieferwagens. Glücklicherweise bin ich wieder im Haus, bevor sie meine Abwesenheit bemerken.

„Sie sind jetzt bestimmt sehr froh, oder?", meint der Manager, bevor er wieder aufbrechen will. Ich reiche ihm den Teller mit unseren hausgemachten Weihnachtsplätzchen, und er nimmt sich eins. Dann dreht er sich um und läuft in Richtung seines Lkw's. Drei Minuten später klingelt er erneut an der Tür, eine Jahrtausend-Barbie unter seinem Arm. Auf dem Geschenkanhänger, der an der Puppe baumelt, steht: „Frohe Weihnachten, von einem Freund."

Der Manager atmet hörbar aus und sagt dann leise: „Es tut mir leid, dass ich dachte, Sie seien verrückt."

Ich lächele und nehme die Barbie entgegen. Noch eine ganze Weile stehe ich da und schaue dem Lkw hinterher, bis er in der Ferne verschwunden ist.

***

Die Uhr auf dem Kaminsims schlägt vier, und der Truthahn steht noch immer auf dem Herd; langsam trocknet er aus. Die Frischhaltefolie über den Keksen ist weg und eine Tüte mit Chips bereits verzehrt.

Ich war noch nie so gut auf Weihnachten vorbereitet wie dieses Jahr. Alles, was nun noch fehlt, sind die Gäste.

„Fühlt sich so an, als würden wir eine Party geben, und keiner kommt“, sagt Nick. „Bisschen so wie in der Geschichte in der Bibel, wo der König Gäste eingeladen hat – und dann kommt keiner.“

Im Stillen gebe ich ihm recht. Jetzt ist die Zeit gekommen, unseren wahren Freunden zu danken für ihren wertvollen Dienst, doch wir können unseren Dank keinem zuteilwerden lassen. Unsere ganz persönlichen Weihnachtsengel haben seit elf Tagen überaus gute Arbeit geleistet. Sie werden doch bestimmt noch für einen Dank bei uns auftauchen, oder?

„Es ist noch früh“, sage ich mit einem Blick zum Fenster. „Oma wird gegen sechs kommen und Onkel Tom, Tante Charlotte, Onkel Ron, Tante Lori … und alle Cousins und Cousinen. Es wird großartig werden. Alle werden unsere wahren Freunde treffen.“

Gegen fünf Uhr rast Ben einmal komplett ums Haus und sein Bruder macht ständig die Haustür auf und zu. Wir ziehen uns abwechselnd um, sodass immer einer die Veranda im Blick behalten kann.

Als die Dämmerung unsere kleine Stadt einhüllt, bringen wir unseren Weihnachtsbaum zum Leuchten, heizen den Ofen vor und warten.

Ben guckt resigniert. „Sie haben so viel für uns getan, warum sollten sie jetzt aufhören?“

Ich setze mich zu meinen Kindern auf den Fußboden vor den geschmückten Baum und denke an die zurückliegenden Wochen und Tage. „Ja, ich war so wütend über den Verlust eures Vaters“, sage ich. „Als dann der Weihnachtsstern vor der Tür auftauchte, wollte ich ihn sofort wegschmeißen. Und ich konnte mir nicht vorstellen, dieses Jahr einen geschmückten Baum in der Wohnung stehen zu haben. Ich wollte mich einfach nur unter der Bettdecke verstecken. Doch unsere wahren Freunde haben das nicht zugelassen.“

Megan ergänzt: „Und du bist nicht mehr so oft erkältet, Mama. Und ich habe einen wunderschönen Baum bekommen. Ich bin den Geschenkbringern total dankbar.“

„Jetzt brauchen wir sie nicht mehr so sehr wie am Anfang“, wirft Ben ein. „Wir haben uns doch. Wir werden schon klarkommen.“ Er lächelt mich an.

„Nun, Gott sei Dank dafür“, sage ich.

Megan steht plötzlich auf und rennt nach oben in ihr Zimmer, Ben folgt ihr aus der Tür und eilt hinunter in den Keller. Nach ein paar Minuten kommen beide mit Geschenken zurück.

„Wollt ihr nicht, dass wir bis morgen mit dem Öffnen warten?“, frage ich.

Ben und Megan sehen sich an. „Nö.“

Megan verteilt ihre sorgfältig eingepackten, selbst gestalteten Kunstwerke, und wir hängen sie an den Baum. Ben überreicht

Nick zwei Comics und seiner Schwester einen Schaumstoffball und einen kleinen Basketballkorb. „Ähm, der kostet ungefähr so viel wie ein Pfund Butter und vier Liter Milch", gesteht Ben.

Megan springt auf ihren Bruder zu und umarmt ihn kräftig.

Ich glaube, Nick ist es etwas peinlich, dass er keine Geschenke hat. Er greift nach drei Tüten Kartoffelchips, die auf dem Tisch liegen, und wirft jedem von uns eine zu. „Du hast es ja selbst gesagt, Mama", meint er. „Kleine Geschenke machen den Unterschied."

Ben schenkt mir ein vergrößertes Foto von unserer Familie. Alle fünf von uns sind darauf abgebildet. Als er meine Augen glänzen sieht, stellt er es auf den Kaminsims und bittet jeden, sich vor dem Baum zu platzieren – für ein neues Foto.

„Das Geschenk für nächstes Jahr", meint er augenzwinkernd. „Ich denke schon voraus."

Wir springen alle gleichzeitig auf, als es an der Tür klingelt. Zum ersten Mal am heutigen Tag haben wir die Tür für eine kurze Zeit aus dem Blick verloren.

Mit einer Hand auf der Türklinke flüstere ich Anweisungen. „Ich werde die Tür bei drei öffnen, und dann ruft jeder ‚Frohe Weihnachten!' Okay? Also: eins, zwei … drei."

Der Plan geht auf.

Meine achtzigjährige Mutter ist so erschrocken, dass sie rückwärtsspringt. Meine Nichten Andrea und Melissa können glücklicherweise einen Sturz vermeiden.

„Was für ein Willkommen!", sagt meine Mutter. „Frohe Weihnachten euch!"

Die Ankunft der Verwandtschaft erfüllt unser Haus mit Leben und Heiterkeit. Als dann noch meine Schwester Lori mit ihren Söhnen Nicholas und Tony eingetrudelt sind, scheint die Luft vor lauter Gesprächen und Lachen nur so zu flirren. Megan, Nick und Ben erklären allen, was es mit den geheimnisvollen Geschenken auf sich hat und sind felsenfest überzeugt, dass heute der Abend ist, an dem das Geheimnis gelüftet wird. Jeder will natürlich Teil unserer geheimnisvollen Geschenke-Erfahrung sein und bestürmt Nick, Megan und Ben mit Fragen.

Meine Mutter will die anonymen Geschenke sofort sehen, und beklagt sich darüber, dass keine Mäuse mehr übrig sind.

„Um wie viel Uhr kommen die Geschenke denn normalerweise an?“, fragen Jim und Mike, die Cousins meiner Kinder, und stellen sich zusammen mit Ben als Späher draußen an der Hauswand auf.

Als Tom mit seinem Lieferwagen in die Einfahrt biegt, beobachten ihn ein Dutzend Augenpaare vom Fenster aus.

„Sind wir zu spät?“, fragt Charlotte aufgeregt, als sie und Tom ihre Mäntel ablegen. „Was geht denn hier vor?“

Ich bringe sie auf den neuesten Stand.

„Sie kommen bestimmt“, sagt Charlotte zuversichtlich.

Ich schaue sie genau an und frage mich erneut, ob sie mehr weiß, als sie bisher zugegeben hat.

Da bereits eine ganze Mannschaft am Fenster steht und Ausschau nach unseren wahren Freunden hält, kümmere ich mich darum, den Beilagentisch aufzuräumen. Ich wische die Klekse weg und sammle die Krümel auf. In Gedanken beschließe ich, das Abendessen noch etwas nach hinten zu schieben, denn ich will nicht inmitten der Mahlzeit erwischt werden, wenn sie ankommen. Ich will, dass sie sich mit uns zusammen an den Tisch setzen.

Um kurz vor acht beschließt meine Mutter, dass es Zeit zum Essen ist.

„Der erste Stern ist schon seit fast einer Stunde zu sehen", sagt sie. „Das ist die Tradition. Ich brauche jetzt etwas zu essen."

Wir versammeln uns um den Esstisch, der mit hausgemachter polnischer Wurst, meinen Krautwickeln, traditionellem Schinken und Truthahn und den verschiedensten Beilagen gedeckt ist.

Mutter fordert uns auf, uns an den Händen zu fassen, und spricht ein kurzes Gebet, um für unser Festmahl zu danken.

„Das Gebet hätte länger gedauert, wenn wir bereits vor einer Stunde gegessen hätten", flüstert Lori. „Sie muss wirklich hungrig sein."

Ich bitte Gott im Stillen, unsere Familie zu segnen, einschließlich der Familienmitglieder, die nicht hier sind, um diese Mahlzeit mit uns zu teilen. Ich danke ihm für die Gemeinschaft. Und für unsere wahren Freunde und ihre kleinen Geschenke.

Später, nachdem viele Teller mit Truthahn, Salat und Auflauf, zwei Minikäsekuchen und viele großzügige Portionen von Tante Marys Erdnusskuchen verspeist sind, kommt Megan zu mir und flüstert mir kichernd ins Ohr: „Glaubst du, unser Geschenkebringer sitzt hier mit am Tisch?"

Als ich in die Runde schaue, sehe ich nur die Gesichter von Menschen, die uns lieben, und mir wird klar, wie viel Glück wir haben, dass wir von einer liebevollen Familie umgeben sind.

„Sie sind alle Geschenkebringer", flüstere ich zurück. „Und wir können es auch sein."

Ich lege meinen Arm um Megan und sie legt ihren Kopf auf meine Schulter. Ich genieße den Moment, in dem ich von Familie, köstlichem Essen und festlichem Ambiente umgeben bin, und frage mich, ob Rick das auch sehen kann.

„Gott, bitte lass Rick jetzt auch glücklich sein", bete ich still. „Und danke für deine Gegenwart."

Kurz nach zehn verkündet Ben: „Da sind gerade eine Menge Autos gegenüber unserem Haus aufgefahren!"

Wir drängen uns alle um die Eingangstür. Tatsächlich parken in einiger Entfernung ein paar Autos.

„Das sind sie!", sage ich.

Megan hüpft neben mir auf und ab. Die Lichter des Autos, das am nächsten zu unserem Haus steht, gehen aus, und wir warten, dass der Fahrer aussteigt. Ich halte meinen Atem an, als die Autotür aufgeht.

Ricks ältester Bruder David, seine Frau Dorothy und ihre fünf Kinder kommen durch den Garten auf unser Haus zu. Aus den anderen Autos steigen Dorothys Mutter, ihre Schwester und ihre Familie. Ein kollektives enttäuschtes Seufzen entweicht uns allen. Es ist kein geheimnisvoller Fremder. Wir lachen über unsere eigene Reaktion. Alle – außer Ben, Nick, Megan und mir – gehen zurück zum Esstisch.

Wir verbringen normalerweise immer den ersten Weihnachtstag mit Davids Familie, deshalb hatte ich sie heute Abend nicht erwartet. Wir wollten morgen mit ihnen zu Abend essen.

Das kann kein Zufall sein, denke ich.

Die Kinder haben die gleiche Idee wie ich. Megan treibt ihre Tante zur Eile an, als sie zur Tür reinkommt. „Wir lieben unsere Geschenke!“, sagt sie.

Dorothy lacht. „Ich hab sie euch doch noch gar nicht gegeben. David, bitte hol doch die Geschenke aus dem Auto.“

„Dann wart ihr es nicht?“, frage ich.

Meine Schwägerin wirft mir einen verwirrten Blick zu. Ich erzähle ein weiteres Mal die Geschichte von unseren wahren Freunden.

„Wir waren es nicht, aber ich wünschte, wir wären es gewesen“, lacht sie. „Wir dachten nur, dass heute Abend ein harter Tag für euch ist, deshalb sind wir hier.“

Wie falsch hatte ich gelegen mit dem Gedanken, dass wir in diesem Jahr allein sein würden. Wir waren umgeben von lieben Menschen, und ich bin dankbar für jeden, der jetzt hier ist. Das Haus platzt fast – im positiven Sinn. Ich serviere Getränke, mache Sandwiches und belade Platten mit Kürbiskuchen. Ich befrage alle, die später gekommen sind, nach den geheimnisvollen Geschenken, aber ich bin so beschäftigt damit, dafür zu sorgen, dass alle genug Essen haben, dass das nicht die erwartete Priorität hat. Ich liebe es, eine Gastgeberin zu sein und zu sehen, wie das Essen, das ich vorbereitet habe, von allen genossen wird. Ich bin dankbar für ein volles Haus, und dass ich mich als Teil einer großen Familie fühlen darf.

Es ist fast Mitternacht, als die letzten Gäste Abschied nehmen, und alles sich so weit verlangsamt hat, dass mir erst jetzt endgültig klar wird, dass unsere anonymen Engel nicht aufgetaucht sind.

„Sei einfach dankbar für ihre Mühe“, sagt Charlotte, bevor sie geht. „Eure wahren Freunde wollten wohl einfach, dass ihr ein frohes Weihnachtsfest habt, und das hattet ihr.“

Ben, Nick und Megan öffnen noch je ein Geschenk, bevor sie ins Bett gehen. Darin befinden sich neue Pyjamas – eine Tradition in unserer Familie, seit die Kinder klein waren.

Megan rollt sich auf der Couch zusammen und schließt ihre Augen, aber sie weigert sich, ins Bett zu gehen. „Vielleicht kommen die Geschenkebringer ja morgen“, sagt sie.

„Ja, hoffentlich“, pflichte ich ihr bei.

„Sie erinnern mich irgendwie an Gott. Vielleicht sollen wir einfach daran glauben wie an ein Wunder.“

Ich glaube, Megan ist nicht weit von der Wahrheit entfernt.

„So beginnen Legenden“, sage ich. Ich küsse ihre Wange und dirigiere sie in Richtung ihres Zimmers.

„Es ist cool, eine eigene Familienlegende zu haben“, sagt Nick und folgt seiner Schwester nach oben. „Jemand sollte darüber mal ein Buch schreiben.“

Onkel Tom und sein computerversierter Sohn Tommy kommen eine Stunde später zurück, um den Computer und den neuen Schreibtisch zusammenzubauen. Ben hilft ihnen, während ich die Geschenke einpacke. Ich lege das Weihnachtspapier, Schere und Tesafilm auf dem Wohnzimmerfußboden aus, also dort, von wo aus ich immer das Fenster im Blick habe. Ich erinnere mich daran, wie Megan an ihrem geöffneten Fenster stand und unsere wahren Freunde darum bat, mit den Geschenken aufzuhören, da sie fürchtete, dass es mich zu sehr schmerzen könnte. Das Ganze lag erst einige Tage zurück, aber es fühlt sich plötzlich so an, als wäre es schon so lange her. Jetzt mache das Fenster auf, aber nur einen Spalt, damit ich jede Aktivität auf der Veranda hören kann.

Ich packe einen Basketball für meine Tochter ein, die Stiefel, die Videos sowie Jeans und Pullover. Dann schiebe ich Nicks TV-Gerät in eine extragroße Geschenketüte. Bens Autolautsprecher passen auch gut in eine Geschenketüte. Das große Geschenk für Megan steckt bereits in einem riesigen Karton. Weil sie so gern singt, habe ich ihr die Karaoke-Anlage gekauft. Ich klebe ein paar Schleifen an die Verpackung.

„Geh doch jetzt ins Bett", sagt Tom und stellt sicher, dass die Geschenke nicht auf Nicks elektrische Eisenbahn fallen, die immer noch um den Baum herumfährt.

Etwa um halb fünf Uhr morgens falle ich auf der Couch sitzend in den Schlaf, noch immer darauf hoffend, dass unsere anonymen Weihnachtsengel auftauchen.

***

Der Klang der Glocken der St.-Francis-Kirche dringen durch das offene Fenster und wecken mich an diesem Weihnachtsmorgen. Die Sonne, nach der ich mich wochenlang so sehr sehnte, scheint, und die Welt draußen ist mit einer dünnen Schneeschicht bedeckt.

Ich bin müde und möchte mich nicht von der Couch wegbewegen, aber ich muss nachschauen. Hastig wickele ich mir eine Häkeldecke um mein Nachthemd und trete vor die Haustür. Es sind keine Fußabdrücke im Schnee zu erkennen, also wartet kein zwölftes Geschenk auf uns. Die Enttäuschung ist übermächtig; es fühlt sich an wie ein Schlag ins Gesicht.

Ich kehre ins Haus zurück, schließe das Fenster und rolle mich wieder auf der Couch zusammen. Ist es egoistisch von mir, dass ich mehr möchte?

Unsere wahren Freunde haben uns unaufgefordert etwas Gutes erwiesen – etwas, das wir verzweifelt gebraucht hatten. Ihre Geschenke waren ein Zeichen, dass sogar unsere Zerbrochenheit wieder heil werden kann – durch Gemeinschaft, durch die Familie und durch Liebe. Sie hatten uns Weihnachten zurückgebracht – und uns wieder zueinandergebracht. Unsere wahren Freunde hatten den Eisesgriff des Kummers gebrochen und uns eine außergewöhnliche Weihnachtserfahrung beschert, in einer Zeit, die sonst ziemlich düster ausgesehen hätte. Sie hatten uns unsere eigene Weihnachtsgeschichte geschenkt. Ein Wunder. Damit hatten sie in zwölf Tagen sehr viel geschafft. War diese kostbare Lektion vielleicht das zwölfte Geschenk?

Ich werfe die Decke zurück, schlüpfe in meinen Bademantel und mache die Lichter am Baum an. Noch vor zwei Wochen konnte ich überhaupt nicht an die Feiertage denken – jetzt kann ich es nicht erwarten, dass die Kinder aufwachen. Zumindest verstehe ich jetzt die Botschaft, die unsere wahren Freunde uns übermittelt haben. Ich brauchte nur Zeit, es herauszufinden.

Mit routinierten Griffen schalte ich den Ofen und eine Herdplatte an und schiebe den Stecker des Waffeleisens in die Steckdose. Dann hole ich die Eier, den Schinken und eine Teigrolle Zimtbrötchen aus dem Kühlschrank. Während ich die Anweisungen auf der Rückseite der Waffeleisenkiste studiere, winselt Bella und bittet, nach draußen gelassen zu werden. Also stehe ich auf und lasse sie ins Freie.

Ich blicke aus dem Küchenfenster, als unser Hund zu heulen beginnt – normalerweise ein Zeichen dafür, dass Bella zurück ins Haus möchte oder dass Vollmond ist. Sie sitzt neben irgendetwas, aber ihr Körper versperrt mir etwas die Sicht.

Ich renne in Bademantel und Hausschuhen aus der Tür. Eine künstliche Tanne, weniger als dreißig Zentimeter groß, steht auf der Terrasse. Der Baum ist mit Messingglöckchen geschmückt. Ich fange erst gar nicht an, sie zu zählen, als ich den Baum nach drinnen trage. Ich weiß, dass es zwölf sind.

Ich nehme die Kerze vom Tisch weg und mache stattdessen den Topf mit dem Bäumchen zum neuen Mittelpunkt des Tisches. Meine Hände zittern, als ich die Karte öffne.

Am zwölften Weihnachtstag
schenken euch eure wahren Freunde
zwölf Messingglocken
elf Weihnachtsmäuse
zehn tanzende Santas
neun Kerzen
acht Ausstechförmchen
sieben goldene Äpfel
sechs Weihnachtstassen
fünf Engel-Geschenkkarten
vier Geschenkschachteln
drei Rollen Geschenkpapier
zwei Tüten Schleifen
und einen Weihnachtsstern.
Euch allen.

Ich finde auf der Rückseite noch eine weitere Botschaft:

„Wir hoffen, dass wir auf irgendeine Weise euer Weihnachten etwas leichter gemacht haben. Jemand hat das auch mal für uns getan. Ihr seid in unseren Gedanken und Gebeten."

Die Nachricht war unterschrieben mit: „Eure Freunde."

Als es mir dämmert, wird mir etwas mulmig in den Knien und ich setze mich hin. Ich hatte mir vorgestellt, dass unsere Geschenkebringer großzügige Menschen sind, die ansonsten jedoch glücklich und emotional unversehrt sind, also keinen Verlust kannten. Was für ein dummer Gedanke von mir.

Sie wussten also um die Kraft der zwölf Geschenke, denn sie hatten einen ähnlichen Schmerz durchgemacht wie wir. Ihr Mitgefühl entsprang dem tiefen Wissen über die Süße und den Schmerz dieser besonderen Zeit, in der Freude und Kummer ungehindert aufeinanderstoßen.

Mir wurde warm bei der Vorstellung, dass auch ihnen jemand geholfen hatte, durch die schwierige Zeit hindurchzukommen. Ich stelle mir vor, wie das Vermächtnis der anonymen Geschenkebringer Jahrhunderte zurückreicht, bis zum Ursprung des Liedes „Die zwölf Weihnachtstage" – und noch weiter zurück.

Nächstes Jahr sind wir an der Reihe. Dann sind wir dran, diese Tradition der Güte und des Schenkens weiterzugeben.

Vielleicht ist es der Geruch der Zimtbrötchen, der meine Kinder weckt. Ich stelle es mir gern so vor, dass es ein Teil des Weihnachtswunders ist, dass sie genau in diesem Moment auftauchen. Ich spüre Tränen in meinen Augen aufsteigen, als ich jedes Kind umarme, aber heute sind es Freudentränen. Ich zeige ihnen den wunderschönen kleinen Baum.

„Ich will euch die Geschichte des dreizehnten Geschenks erzählen", sage ich und lächele.

Ben, Nick und Megan setzen sich und schauen mich gespannt an.

13

Das dreizehnte Geschenk

Die Bilder jenes Weihnachten sind auch heute noch, viele Jahre später, präsent, so, als wäre alles erst vor Kurzem passiert. Die Geschichte des dreizehnten Geschenks zu erzählen ist ein Teil unserer Familientradition geworden – genauso wie das Baumschmücken.

Als wir an jenem Morgen im Jahr 1999 zusammensaßen, haben Ben, Nick, Megan und ich uns vorgenommen, das, was uns unsere anonymen Engel an Freude, Mut und Zuversicht geschenkt haben, weiterzugeben – auf unsere ganz eigene Weise. Weihnachten kann schließlich jeden Tag sein.

Ich habe nie aufgehört, nach der Identität unserer wahren Freunde zu suchen, deren Freundlichkeit meiner Familie half, wieder heil zu werden. Sie hatten uns neue Erinnerungen und eine sehr besondere Weihnachtstradition geschenkt. Aber irgendwie fühlte ich mich immer noch wie festgefahren und unfähig, voranzugehen, wenn ich nicht wusste, wer sie waren.

Ich wollte ihnen danken.

Ich hatte lange vermutet, dass meine Schwägerin Dorothy mehr über das Geheimnis wusste, als sie preisgab. Hatten sie und David den Baum mit den Messingglöckchen auf der hinteren Veranda abgestellt, in dem Moment, als aller Augen auf die Vorderseite des Hauses gerichtet waren?

Über die Jahre bohrte ich immer wieder bei Dorothy nach, aber sie meinte nur immer wieder, sie wisse von nichts.

Bei einer Familienzusammenkunft im Sommer 2013 fragte ich sie noch einmal sehr eindringlich. Ich erklärte ihr meinen Wunsch, die Geschichte mit anderen zu teilen, sodass auch andere etwas davon erfuhren, was uns so geholfen hatte. Als sie versuchte, das Thema zu wechseln, gab ich diesmal nicht nach wie sonst. Ich konnte nicht.

Ich sah deutlich, dass sie hin- und hergerissen war. Es war nicht zu übersehen, dass sie die Wahrheit wusste.

„Bitte“, sagte ich. „Ich muss sie treffen.“

Sie holte tief Luft und überraschte mich dann mit der Antwort: „Ich werde sie fragen, ob es okay ist.“

Ich tanzte vor Freude, dort unter dem Sonnendach, umgeben von Familie, belegten Brötchen und Geburtstagskuchen. „Das bedeutet mir so viel“, sagte ich.

Ich wusste noch nicht, wer die geheimnisvollen Geschenkebringer waren, aber sie waren in jetzt Reichweite; die „goldenen Ringe“ waren endlich wieder in greifbarer Nähe. Mir war schwindelig und ich war nervös, aber voller Hoffnung, dass die großzügigen Freunde meiner Bitte nachkommen würden.

Ein paar Wochen später bekam ich auf der Arbeit einen kurzen Anruf von Dorothy: Ich könnte sie in einigen Tagen treffen.

Unsere wahren Freunden erhielten endlich einen Namen: Susan und George Armstrong. Das Paar stammt aus einer Gemeinde nicht weit von unserem Wohnort entfernt. Sie hatten also in all den Jahren nur einige Kilometer von uns entfernt gewohnt. Waren wir vielleicht des Öfteren an Kassenschlangen aneinander vorbeigelaufen, hatten uns an der Tankstelle gesehen oder vielleicht sogar in denselben Restaurants gegessen? Ich sah auf einmal in jedem, der mir begegnete, ihre Freundlichkeit.

Nachdem Dorothy mir ihre Identität offenbart hatte, konnte ich es nicht abwarten, sie kennenzulernen und in ihre Gesichter zu schauen.

An einem sonnigen Sonntag im März 2014 trafen Nick und ich sie persönlich bei einem Kaffee. Susan ist Sozialarbeiterin in Rente und George pensionierter Highschool-Lehrer. Die beiden waren Mitte sechzig und hatten bereits für zweiundzwanzig trauernde Familien den heimlichen Weihnachtsmann gespielt – mithilfe ihrer Kinder Noah, Zachary und Natalie. Unsere Familie war die neunte, die von ihrer heilenden Großzügigkeit profitierte. In den letzten Jahren war auch ihr Enkel Jackson dem Verein der anonymen Weihnachtsengel beigetreten.

„Warum wir?“, fragte ich.

Susan erzählte mir, dass sie und meine Schwägerin schon ihr ganzes Leben befreundet waren. Sie hatte Ricks Familie gekannt, seit er ein dünner Zweitklässler war.

„Ich erinnere mich an ihn, diesen süßen Kerl, wie der damals im Garten herumgerannt ist“, sagte Susan. „Als wir hörten, dass er gestorben war, entschieden wir uns sofort, dass wir *das* auch für seine Familie tun wollten.“

„Wir konnten es nicht glauben, dass ein so lebendiger Mensch plötzlich nicht mehr da war“, fügte George hinzu.

Die Vorstellung, die Nick und Megan über die anonymen Geschenkebringer heraufbeschworen hatten – dass sie offenbar mit Ninja-Fähigkeiten ausgestattet waren, war nicht völlig von der Hand zu weisen. Während Susan und George das „Fluchtfahrzeug“ fuhren, rannten ihre Kinder als Ninjas oder wie die Actionfiguren von G. I. Joes über Rasenflächen, sprangen über Zäune oder krochen manchmal sogar bäuchlings voran, um nicht entdeckt zu werden. Ihre Eltern warteten währenddessen etwas weiter entfernt, mit laufendem Motor und offenen Türen, sodass ihre Kinder schnell ins Auto springen konnten.

Es war ihre Tochter Natalie, damals sieben, deren lächelndes Gesicht ich durch das Fenster von Nicks Zimmer gesehen hatte, in der Nacht, als ich auf die Legosteine fiel. Und unser zwölftes Geschenk fanden wir zwar erst am ersten Weihnachtstag, aber Zachary hatte es bereits am Abend zuvor auf der hinteren Veranda platziert. Unser ständiges Ausschauhalten hatte ihm die Arbeit erschwert.

„Er musste durch die Gärten rennen und um die Rückseite des Hauses schleichen“, erzählte George. „Es schien, als warteten wir damals ewig auf ihn.“

Und die Hinweise auf den Karten, die wir versucht hatten zu entschlüsseln? Ich erfuhr, dass es da keinen tieferen Sinn zu entschlüsseln gab; es waren nur heilsame Worte.

„Woher wusstet ihr, was wir genau brauchten?“, fragte ich Susan schließlich.

Da erzählte sie mir, dass sie die Tradition des anonymen Schenkens begonnen hatten, um das kurze Leben ihrer kleinen Tochter zu ehren.

„Ich wachte eines Morgens auf und hatte ein ganz merkwürdiges Gefühl, so, als ob ich nicht mehr schwanger war, obwohl der Geburtstermin kurz bevorstand“, erzählte Susan. „Eine gute Freundin wollte an diesem Tag eine Babyshower-Party für mich veranstalten, aber ich wusste, etwas stimmt nicht.“

Susan brachte Andrea am 29. September 1989 tot zur Welt. Andrea wäre 2014 25 Jahre alt geworden – sie wäre jetzt also so alt wie meine Megan.

Die Advents- und Weihnachtszeit im Jahr 1989 war für die Armstrongs sehr hart, so wie auch für mich und meine Kinder das erste Weihnachten ohne Rick sehr hart war. Dann, zwölf Tage vor Weihnachten, stand plötzlich auf geheimnisvolle Weise ein Weihnachtsstern auf ihrer Terrasse.

Kleine Geschenke folgten, zwölf Tage lang, und immer lag eine Karte dabei, auf der Worte standen, die an das Lied „The Twelve Days of Christmas“ angelehnt waren. Susans und Georges Kinder Noah und Zachary waren damals neun und fünf Jahre alt. Die beiden reagierten auf den Geschenkesegen ähnlich wie Ben, Nick und Megan auf die wundersamen Gaben reagiert hatten.

„Ich hatte mich so niedergeschlagen gefühlt, und dann kam ein Geschenk und lenkte mich eine Weile von meinem Verlust ab“, erzählte Susan. „Es war am dritten oder vierten Tag, als uns klar wurde, dass das noch ein wenig so weitergehen würde.“

Die Freude, die die Geschenke der Familie Armstrong bereiteten, reichte weit über die Weihnachtsfeiertage hinaus. Ein Jahr später entschieden sich Susan und George, im Andenken an Andrea selber den heimlichen Weihnachtsmann für andere zu spielen, und damit einer Tradition zu folgen, die ihre wahren Freunde begonnen hatten. Ursprünglich wählten die beiden Familien aus, die wie sie ein Kind verloren hatten. Sie dehnten die Tradition jedoch irgendwann auch auf Familien aus, die andere Verlusterfahrungen gemacht hatten, denn George und Susan sahen, dass es nötig war.

„Andreas Leben war kurz, aber wir haben so viel daraus gelernt. Wir wollten, dass ihr Leben einen Unterschied macht“, erklärte Susan.

Als Eltern bringen wir unseren Kindern laufen und sprechen bei, Fahrradfahren und spielen. Die Armstrongs gaben ihren Kindern auch ein Vermächtnis der Güte und des Schenkens weiter. Was für ein wunderbares Familienerbe!

Die meisten Familien, die George und Susan beschenkt hatten, erfuhren nie von der Identität ihrer wahren Freunde. Ich bin glücklich, dass ich ihre Hände schütteln und Danke sagen konnte. Ich wollte natürlich auch wissen, warum ihnen das Geheime, das Anonymsein so wichtig beim Schenken war.

„Das Wichtigste war uns immer, den Schmerz zu lindern. Wir hofften, dass das Geheimnisvolle etwas Erleichterung schaffen würde, besonders, wenn Kinder mitbetroffen waren", sagte Susan. „Wir wollten nicht, dass die Leute wussten, dass wir es waren. Es ging nicht um uns. Es ging um die Familien und den erschütternden Verlust, den sie durchmachen mussten."

***

Nick und ich kamen lächelnd und voller Energie von unserem Treffen mit George und Susan zurück, aber eine drängende Frage blieb. Armstrongs war ebenfalls von anonymen Freunden beschenkt worden – wer also hatte diese Tradition begonnen?

„Wir wären nie von allein auf diese Idee gekommen", hatte Susan gesagt.

Ich hatte dreizehn Jahre gebraucht, um auf die Spur unserer Geschenkebringer zu kommen. Der Pfad, der zu den Hinweisen der wahren Freunde der Armstrongs führte, begann ebenfalls im Jahr 1989. Ich sagte mir, dass es jetzt keine Rolle mehr spielte und ich zufrieden sein sollte, jetzt das Ende unserer Geschichte zu kennen. Aber es war mir doch wichtig.

Obwohl es den Armstrongs bis zum zwölften Tag nicht klar war, hatten sie ihre Geschenkebringer persönlich gekannt. Damals, in dem Jahr, als Susan nach Antworten auf Andreas Tod gesucht hatte, hatte sie schließlich eine Nachricht auf dem Anrufbeantworter des Schwangeren-Sorgentelefons des Miami-Valley-Krankenhauses hinterlassen.

Eine der Seelsorgerinnen hatte sie zurückgerufen, und die beiden Frauen wurden Freundinnen.

Sue Hundt war zu dieser Zeit noch keine studierte Psychologin, aber sie war eine der ersten Freiwilligen, die sich als Ehrenamtliche für diese Telefonhotline zur Verfügung stellten, als das Krankenhaus den Dienst im Jahr 1987 begann. Sie und ihr Mann Ron waren im Krankenhaus nach acht Schwangerschaften, einschließlich zweier Zwillingsgeburten, wohlbekannt. Nur zwei ihrer Kinder hatten überlebt.

„Man ist für Kummer nicht geschult. Es passiert einfach, und dann muss man sich da durchfühlen", sagte Ron. „Wir spürten, dass wir eine starke Geschichte zu erzählen und eine starke Botschaft weiterzugeben hatten, nämlich: dass es ein Licht am Ende des Tunnels gibt. Es gibt tatsächlich Wege, diese furchtbaren Momente zu überleben."

Es war Ron, dem die Idee kam, das Lied „The Twelve Days of Christmas" zu verwenden. Die Hundts begannen ihre alljährliche zwölftägige Schenkaktion im Jahr 1988, und sie haben seitdem kein Weihnachten ausgelassen.

Wie bei den Armstrongs sind auch die Kinder von Suse und Ron mittlerweile alle zu „Tätern" geworden.

„So viele Menschen haben uns damals geholfen, unsere Trauer zu bewältigen. Sie haben uns geholfen, die Dunkelheit zu vertreiben", sagte Ron. „Wir wollten daher einen Weg finden, uns auf irgendeine Weise dafür zu revanchieren."

Aus eigener Erfahrung wusste das Paar, dass die Heilung Zeit brauchte. Ein Geschenk reichte nicht.

„Wir mochten das Lied von den zwölf Weihnachtstagen sehr. Wir wollten etwas tun, das sich etwas hinzog, aber einfach umzusetzen war, und das, wenn möglich, auch die Kinder der zu Beschenkenden mit einbezog", sagte Sue. „Teil des Spaßes war es, das Auto etwas weiter entfernt zu parken und dann zu beobachten, wie sie die Tür öffneten und das Geschenk fanden."

Das Geld war bei Hundts immer knapp gewesen, gerade in der Zeit, als sie mit dem anonymen Schenken anfingen. Sue machte sich anfangs etwas Sorgen wegen der Kosten, aber Ron versicherte ihr, dass die Geschenke nicht teuer sein mussten, denn es ginge ja hauptsächlich darum, was die Familien brauchten.

Sue und Ron beginnen stets im Januar nach einer Familie Ausschau zu halten, die sie in der Weihnachtszeit besuchen können. Ihre Kirchengemeinde, ihre Kollegen und die Ehrenamtlichen bei der Schwangeren-Hotline, wo Sue immer noch ehrenamtlich arbeitet, helfen ihnen, Familien ausfindig zu machen, die einen Verlust erlitten haben oder anderweitig Hilfe brauchen. Haben die Hundts schließlich eine Familie gefunden, passen sie ihre Geschenke, wenn möglich, den jeweiligen Bedürfnissen der Familie an. Am elften Tag hinterlassen sie immer eine kleine Krippe. Die Figur des Jesusbabys kommt dann am nächsten Tag, also an Heiligabend, zu den Beschenkten.

***

An diesem Weihnachten werde ich meine Enkel Gavin und Gracelynne um mich versammeln, die Kinder von Ben. Unter dem leuchtenden Weihnachtsbaum werde ich ihnen die Geschichte der dreizehn Geschenke erzählen und ihnen die selbst gemachten Karten zeigen. Ben, Nick und Megan werden ebenso ihren Teil zu der Geschichte beitragen. Dieses Jahr wird die Geschichte zum ersten Mal ein richtiges Ende haben.

Diese zwei Ehepaare zu treffen, war ein Segen für mich. Es fühlte sich gar nicht unbehaglich an, schließlich waren wir ja Freunde, noch bevor wir uns trafen. Ich hatte mir die anonymen Weihnachtsengel immer als Superhelden vorgestellt. Zu erfahren, dass auch sie Schmerzliches durchleben mussten, stärkt nur das Bild, das ich von ihnen im Kopf hatte.

Ich war sehr berührt von der Fröhlichkeit, die diese beiden Ehepaare ausstrahlten. Diese vier hatten nach Wegen gesucht, Sinn und Freude in die Weihnachtszeit zu legen – trotz ihres eigenen Schmerzes. Sie haben mir gezeigt, wie ich die Weihnachtszeit begehen und gleichzeitig die Erinnerungen an Rick wachhalten konnte. Die Kraft ihrer Geschenke liegt darin zu verstehen, dass Freude und Leid gut nebeneinander bestehen können – ganz ohne Schuldgefühle.

Ich konnte nicht anders, als mich zu fragen, ob ihre Lebensfreude ihren Ursprung in ihren guten Taten hatte. Anerkennung für ihr Tun war nie Teil ihres Plans gewesen. Man kann es „Zurückgeben“ nennen oder „Vorauszahlen“ – sie hatten die Freundlichkeit, die andere ihnen erwiesen hatten, als Herausforderung gesehen, ein würdiges Leben zu leben.

Sie sind dieser Herausforderung mehr als nachgekommen. Jetzt liegt es an uns, es zu versuchen.

Wir müssen nicht alle zu anonymen Engeln werden, die in Ninja-Outfits über dunkle Rasenflächen schweben, um das Glück zu erfahren, das ein großzügig gelebtes Leben mit sich bringt. Doch auch in den Momenten des tiefsten Kummers können wir mit anderen all das teilen, was wir auf dem Weg gelernt haben.

Viele Menschen haben mich über die Jahre schon gefragt, ob wir auch zu anonymen Geschenkebringern geworden sind. Ich sage ihnen dann, dass wir weiterhin von unseren wahren Freunden inspiriert werden, aber ich überlasse die Lösung des Geheimnisses anderen. Dann verwickle ich die Fragenden in eine Unterhaltung. Ich sage ihnen, dass die größte Gabe, die wir alle besitzen, die Fähigkeit zum Geben und Schenken ist. Man muss dafür nicht reich sein. Mitgefühl und ein gütiges Herz sind alles, was man braucht. Was für eine bessere Art gibt es, Gott und geliebte Menschen zu ehren, als sich aufzumachen und das Leben von anderen positiv zu verändern? Die Weihnachtszeit ist die perfekte Zeit, um über den eigenen Tellerrand hinauszublicken und ein wahrer Freund zu werden. Ein Vermächtnis der Großzügigkeit kann Erinnerungen schaffen, die weit über den Moment hinaushallen und selbst den schönsten Familienweihnachtsschmuck überstrahlen.

Gott braucht uns nicht, wenn er segnen will. Er kann alles selbst. Aber es ist ein wundersames Geschenk von ihm, wenn er es uns erlaubt, seine Werkzeuge zu sein bei seinem Segnen.
G. Geiss

FSC
www.fsc.org
MIX
Papier aus verantwortungsvollen Quellen
FSC® C014496

Die amerikanische Originalausgabe erschien
im Verlag Harmony Books, ein Imprint
von Crown Publishing Group,
a division of Random House LLC,
unter dem Titel „The 13th Gift“.

1. Auflage 2017
Bestell-Nr. 817238
ISBN 978-3-95734-238-6

Umschlaggestaltung: Hanni Plato
Umschlagfoto: Mauritius, Johnér
Lektorat: Verena Keil
Satz: Uhl + Massopust, Aalen
Druck und Verarbeitung: GGP Media GmbH, Pößneck
Printed in Germany

www.gerth.de